「炎《ほのお》芸術」工芸入門講座

漆《うるし》の技法

柴田克哉

金継ぎ・拭き漆・木地溜め塗り・目はじき塗り
漆絵・蒔絵・箔絵・螺鈿・卵殻・乾漆

「炎《ほのお》芸術」工芸入門講座

漆《うるし》の技法

撮影・米山真人　取材・岡部万穂（第2回～5回）

はじめに

本書は、小社刊行の陶芸季刊誌『炎芸術』に連載した記事「うるし工芸入門講座」（全6回　第99号2009年8月〜第104号2010年11月）をあわせて、各回の後ろに参考作品を加えて、新たに『工芸入門講座　漆《うるし》の技法』として一冊にまとめたものです。

ただし、連載の第4回から、レイアウトデザインを変更しましたので、本書では、全体のデザインを統一するために、第1回から3回までの頁構成に新たに写真を入れ、大幅な修正を加えました。

「漆《うるし》工芸」は、陶芸に比べて専門性が強く、実際にその技法を習得するためには、カルチャーセンターか漆芸《しつげい》作家が主宰する工房などで学ぶほかありませんでした。また、技法書によって、ひとりで手軽に漆工芸を始めようとしても、ほとんど出版されていない状態でした。

本書では、最も生活に密着した、陶磁器のうるしによる修復法である「金継《きんつ》ぎ」に始まり、漆工芸の基本である「塗り」の「拭《ふ》き漆《うるし》」「木地《きじ》溜《だ》め塗り」「目はじき塗り」から、「加飾《かしょく》」の基本となる「漆絵《うるしえ》」「蒔絵《まきえ》」「箔絵《はくえ》」「螺鈿《らでん》・卵殻《らんかく》」へと進み、最後に自由な造形物を漆で固める「乾漆《かんしつ》」技法を学びます。

本書の特色として、各回の最初に必要となる道具と材料を紹介し、まず「完成作品」を見せ、そこに至るまでのプロセスをわかりやすく解説しています。これにより、初心者でもすぐに始められますし、教室などで学んだ技法を反復練習するためのテキストとしても役立ちます。

本書によって、ひとりでも多くの方が「漆工芸」に魅せられ、生活を潤す美的な趣味として、実際に手がけられることを願っています。

●漆の技法・素材分類

仕上げ

- **艶《つや》上《あ》げ（呂色《ろいろ》磨き）**
- **鯛《たい》牙《き》磨き**

加飾《かしょく》

- **漆《うるし》絵《え》**
- **箔《はく》絵《え》**
- **蒔《まき》絵《え》**
  - 消し蒔絵
  - **平《ひら》蒔《まき》絵《え》**
  - 高蒔絵《たかまきえ》
  - 研出《とぎだ》し蒔絵
  - 色粉蒔絵
  - 金地・銀地
  - 平目《ひらめ》時《じ》・梨地《なしじ》
  - 木地蒔絵
- 平文《ひょうもん》（平脱《へいだつ》）
- **螺鈿《らでん》・卵殻《らんかく》**
- 堆朱《ついしゅ》・彫漆《ちょうしつ》
- 沈金《ちんきん》

塗り

- **透明塗り**
  - **拭《ふ》き漆《うるし》**
  - **木地《きじ》溜《だ》め塗り**
  - 春慶塗《しゅんけいぬり》
- **不透明塗り**
  - **目はじき塗り**
  - **黒《くろ》呂色《ろいろ》塗り**
  - **朱塗り**
  - 色漆《いろうるし》 塗り
  - 変り塗

下地《したじ》

- **刻苧《こくそ》**
- 布着せ
- 本堅地《ほんかたじ》
- 本地
- 蒔地《まきじ》
- 蒔錆《まきさび》
- **拭《ふ》き錆《さび》（ハチ錆漆《さびうるし》）**
- **焼き付け**

素地《そじ》（木地）

- **木材**
- 竹
- **乾漆《かんしつ》**
- 紙
- 皮
- 金属
- **陶磁器（金継《きんつ》ぎ）**

（太字は今回解説技法・素材）

漆《うるし》の話

柴田克哉

漆の歴史と未来——最先端の科学で解明されたその魅力

日本での漆の歴史は、石器時代にヤジリを、木や竹の棒に植物の皮などで縛り、丈夫にするためにそこに漆を塗ったことに始まると言われています。

科学的に証明されているのは、約1万2千年前の漆の木（福井県若狭町の鳥浜貝塚）が出土し、漆の製品は約9千年前の副葬品など（北海道函館市臼尻町の垣ノ島B遺跡）が出土しています。縄文時代初期からは確実に日本人は漆を使っていました。さらに、縄文時代の漆器の素地《そじ》の種類、漆の下地《したじ》の素材、漆に混ぜた朱などの顔料の種類、下地、塗りの回数、乾燥法などが解明されています。青森県の三内丸山遺跡の漆器の出土品（約5千5百年前）や、東京都東村山市の下宅部遺跡の漆塗りの杓子の柄（約3千5百年～3千年前）を実際に見ても、その色と艶は見事に残っていました。

漆の成分も、ウルシオール、ラッカーゼ（酵素）、ステラシアニン、水分、ゴム質、糖タンパクと分析、分離できていて、漆の「乾く」という硬化の仕組みも解明されています。ウルシオールは抗酸化性と自動酸化性の相反する性質を持ち、抗酸化性を失わせるのが酵素であるラッカーゼで、温度20℃、湿度80％前後の状態で、ラッカーゼが活発に働き、漆が酸化重合して乾きます。乾いた漆は、高分子化合物となり、熱や湿気、酸やアルカリに強く、王水（金を溶かす濃塩酸と濃硝酸の混合液）にも溶けません。一方、紫外線には弱いという理由も科学的に分かりました。普通に使えば丈夫な漆も、紫外線とバクテリアにより分解され、自然に戻るのです。

人が漆を採取していた採取跡のある漆の木が、縄文時代後期の遺跡から出土していて、古墳時代にも漆の利用があり、飛鳥、奈良時代には「税」として漆を納めていました。江戸時代には漆の栽培、採取の方法を記したものがあり、現在の栽培、採取方法につながっています。この栽培、採取方法も科学的に裏付けられています。

漆の歴史と利用、漆そのものの分析が科学で解明され、未知の部分も次第に明らかになって来ました。文明や科学技術がこれほど進んだ現在において、最先端技術で分かったことは、石油などの化石資源や電気などのエネルギーを使わないで、原料の漆が手に入り、漆の加工、漆器の製作、使用、廃棄の各段階で、地球、環境に負荷をかけないことが注目され、漆がこれからの日本の文化、科学技術、産業での新しい価値の創造の種となる期待がもたれています。

漆の木——命の循環

漆の木を育てるには、親の漆の木から秋に実を採り、皮をむいて、種の周りにある蝋をお湯などで除いて、水につけて畑に蒔き、発芽を待ちます。もう一つの方法は、親の漆の木の根を掘り、太さ1cm以上、長さ20cmほどにそろえて、畑に植えて発芽させます。種からの方法を「実生」、根からの方法を「分根」といいます。それぞれ作った苗を、毎年、畑で植え替えて、3年ほど成長させ、山や漆畑に植栽して成木として成長させます。その間毎年、年に2～3回ほど下草を刈り、数年ごとに剪定を行い、管理して成木に育てます。

漆の採取は、10～20年ほど育て、胸高直径が10～20cm以上になったら行います。春から採取して、その年の秋には木を切り倒します。これを「殺し掻き」と言います。もう一つ、木を生長させながら数年ごとに採取して、一定期間採取してから切り倒します。こちらを「養生掻《ようじょうが》き」と言います。明治時代頃から、漆の実の蝋でロウソクを作らなくなって、養生掻きから殺し掻きが中心になりました。

切り倒しても切り株と根は残し、そこから新たな漆の芽が出るようにします。「萌芽更新《ほうがこうしん》」と言い、成長の良い芽を選び、成木に育てます。漆の木を切り倒して殺してしまうようですが、以前は切り倒した木からも漆を採取して、木も「網端《あば》」という漁網の浮きに利用しました。漆の木は数十年から百年ほどの寿命で、一定期間に新しい木に更新することで、漆山、漆畑が健康な状態に保たれます。

漆の木は、種から、根から、切り株から次の命を繋げて、その成長過程で酸素を出し、山を治め、漆を出し、その他の人の暮らしに役立つものを生み出します。生物資源として、見事なサイクルを持っています。それは、循環型や環境保全というだけではなく、大きく命の循環、遺伝子のリレーなのです。漆に係わる人や社会も、文化の伝承と自然に対する心の継承ができるシステムです。

漆の木と漆掻きの道具
上段左より、採取した後の漆の原木2本と漆桶（漆を保管する桶）
下段左より、掻篦（かきへら・垂れた樹液をかき取る道具）・掻鎌（かきがま・表皮をえぐる道具）・掻鎌（かきがま・表皮に傷をつける道具）・漆壺（採取した漆を溜めておく容器で、漆取り壺ともいう。シナノキの皮を筒状に巻いて底をつけ、漆を塗って固めてある）

漆採取（漆掻き）——自然からの贈り物

漆は生きている木から漆を採取するので、その方法が確立され、採取する専用の道具があります。皮をはぐ鎌、傷を付ける掻き鎌、出てきた漆を掻き集める篦《へら》、漆を入れる漆壺など、様々な道具で採取します。採取量も1本の木で1年間に200gほどです。採取する始めに「山入り」という作業で、その年の採取する木と回る順番を決めて、草刈りなどの準備をします。

6月の半ば頃から「目立て」に入ります。目立ては木の根元から20cmほどの高さに2cmほどの傷を水平に付け、上に向って30〜40cmごとに傷を付け、反対側にも交互に傷を付けます。目立ては、採取の傷の基準にするのと、漆を出すために行います。漆は木に傷を付けられたことにより、傷害ホルモンが出て、木が傷を治そうとして漆を木の中で作ります。目立てでは、傷を付けるだけで掻き取らず、木に漆を作らせる作業です。始めから漆の木の中に漆はなく、成長するために栄養を生産していたのを、傷を治すために漆を生産し始めます。木の自然治癒力を、うまく利用して人がいただくわけです。

目立て5日後から、「辺掻《へんが》き」に入ります。5日ごとに水平の掻き傷を長くして行きます。傷を付けるとそこから漆が滲み出てきますので、篦で掻き集め、漆壺に入れます。辺掻きは5日ごとで雨の日は採取しないで、9月いっぱいまで20数回採取します。6月から7月初めの辺掻きを「初辺《はつへん》」といい、採れた漆を「初鎌《はつがま》」といいます。7月中旬から8月いっぱいを「盛《さか》り辺《へん》」といい、採れた漆を「盛り物」「夏物」といいます。以降9月いっぱいを「遅辺《おそへん》」といい、採れた漆を「あと鎌」といいます。

10月からは「裏目《うらめ》掻《が》き」をします。目立てと辺掻きの上下と、太い枝に直径の半周の傷を付けて採取します。この漆を「裏目漆」といいます。

裏目掻きの後「止め掻き」をします。裏目掻きの間に、一周する傷を付けます。これで採れた漆が「止め漆」です。これで完全に木の血管である維管束の部分を切ってしまいますので、木は死んでしまいます。この一連の採取方法を殺し掻きといいます。養生掻きは辺掻きの8月下旬で終わり、次の年は木を休ませます。

止め掻き後、木を伐採して傷を付けていない枝を、一定の長さに切り束ねて、川や池の水に浸けて水分を含ませ「枝掻き」をします。採れた漆は「枝漆《えだうるし》」といいます。切り株からも漆を採取します。これは「根《ね》漆《うるし》」です。現在は採算性を考え、止め掻き以降は行われていません。木の命の観点からは、一つも無駄にしないで漆をいただくことは、文化として尊い行為であります。ここにも日本の未来を考える種があると思います。

漆の精製と流通――多くの人に支えられる漆

採取したままの漆を「荒味《あらみ》」と言います。荒味を漉《こ》してゴミを除いたものが「生漆《きうるし》」です。採取した時期ごとの漆が手に入れば、初鎌、盛り物、裏目漆などの生漆となります。初鎌の生漆は艶を上げるのに良い性質です。一般の漆屋さんでは、初鎌、盛り辺、あと鎌の漆を調合して、艶、乾きを調節し「生正味漆《きじょうみうるし》」または日本産生漆として販売しています。

荒味漆をそれぞれの目的に合わせた漆に精製します。「なやし」は攪拌し、漆の成分を均等にします。「くろめ」は漆を40度ほどに加熱しながら攪拌して、漆の中の水分を蒸発させます。この時の40度ほどの温度は、酵素のラッカーゼが50度以上から活性が低下してしまいますのでそれを防ぐためです。くろめとなやしにより水分を3～5％にして、透明性、光沢、肉持ちを良くします。この精製した漆を精製漆または「くろめ漆」といいます。

この精製漆が基本となります。市販では「木地呂漆《きじろうるし》」として販売しています。精製漆のなやしとくろめの前に、鉄粉や水酸化鉄を加え、黒く染め、精製したものが「呂色漆《ろいろうるし》」または「黒呂色漆《くろろいろうるし》」です。

明治時代以前は、漆は日本国内で自給自足の状態でした。明治時代以降は、欧米向けの漆器の輸出で漆器の製造が盛んになり、日本国内の漆だけでは不足して、中国からの漆の輸入が始まりました。日清戦争時に輸入量は減りましたが、その後は以前より多くなりました。漆の木は、広く東南アジアで栽培されていて、昭和10年代には中国とベトナムなどから盛んに輸入されていました。第二次世界大戦後から現在まで中国からは漆の輸入があり、現在は国内の消費の97％が輸入です。漆屋さんで扱っている漆もその割合です。中国産の漆の質ですが、漆を扱う関係者の努力で、良質で使いやすいものとなっています。漆器製作の技法や工程によっては、中国産漆が良い場合もあります。特に、中国から伝わった技法はその漆ならではの表現ができます。

明治時代以降、国内の漆の流通は、漆の木を林家、農家が育て、漆掻き職人が漆を採取して、問屋を通して、漆屋さんに供給し、精製して小売り販売されました。やがて、時代の流れで問屋がなくなり、漆掻き職人さんが集まり、漆屋さんに直接売るようになり、今では、産地直売のような仕組みもできています。時代が変化し流通や需要も変ってきています。漆を育てる林家、農家の方、漆掻きの方、漆器製造の方、原料の漆を扱う漆屋さん、漆工材料、道具をつくる方、全ての人が漆の発展に貢献し、日本の文化を支えています。

漆芸《しつげい》の歴史と日本各地の漆――進化していった技法

漆芸は日本の歴史と共に変化してきました。時代や用途により変り、地域の自然、気候風土、地理的条件、社会体制などにより、作るものや技法が様々に発展しました。

縄文時代の漆は、木に漆を塗ったもの、木や竹を編んで塗ったものなどがあり、土器にも塗り、壊れたときの修理も、漆で行っていました。金継《きんつ》ぎのように、漆で接着、補填をしていました。漆継ぎです。糸を束ねて結んだり、紐に撚ったり、編んだりしたものに漆を塗っています。副葬品、装飾具、生活具、狩りの道具、漆を塗るための道具などがあります。縄文時代には漆の基本的な技術はできていて、土台になる器胎（素地）、下地、塗り、研磨、顔料、加飾《かしょく》、製作法など現在も基本的には同じです。漆の乾燥も通常の硬化と、高温硬化法（焼き付け）が行われていました。

弥生時代は木工が発展し、漆のものが少ないですが、生活具などに塗られていました。漆の出土品が少ないこともあり、あまり研究が進んでいません。弥生時代は約6百年間で、縄文時代の約1万2千年間と比べると短いですが、金属器の使用と稲作が始まり、急激に文明、社会体制が変り、人々の価値観の変化と共に、漆の扱いも変化しました。

古墳時代に入り、渡来して来た人により新たな技術がもたらされ、漆の技術も変化し、金属や皮にも塗るようになりました。漆は祭祀などの関連したものに多く、棺も漆で作られていました。現在の乾漆《かんしつ》の技法の元となる「夾紵《きょうちょ》」が伝わり、竹を編んで漆を塗った藍胎乾漆棺《らんたいかんしつかん》、木の棺に麻布を漆で貼り漆を塗った木心乾漆棺《もくしんかんしつかん》などがあります。古墳時代は大陸文化が伝えられ、中国、朝鮮との交流により、個人、家族、社会のあり方が変り、漆の価値観も変りました。

飛鳥・奈良時代になると、律令の導入と仏教の伝来が、漆にも大きく影響し発展しました。国家が漆を育て、漆、漆器を税とし、漆器生産の組織も作られました。当時の貴重な史料の「漆紙文書」は、漆を保存した容器に、当時のいらなくなった文書の紙を蓋として使い、漆が滲みた部分が残ったものです。この時代に、漆が集められ、和紙が作り使われた証拠で、そこに記された情報により様々なことが分かりました。

図1　《玉虫厨子》部分　法隆寺蔵

図2　《宝相華迦陵頻伽蒔絵塞冊子箱》
京都仁和寺蔵

日本の広い地域で漆の管理が行われ、生活具、武器、仏教に係わるものが作られていました。仏教の伝来によって、仏像、仏具の生産で、漆工の技術が進歩しました。国宝の《玉虫厨子》（図1）は、飛鳥時代のもので最古の漆工品です。飛鳥時代の最先端の製作物であり、建築、絵画、工芸などの分野の要素が総合し、素材や技術の物質面だけではなく、当時の思想、文化、宗教観の精神的象徴でもあります。正倉院にもこの時代の漆工品が数多くあります。漆胡瓶《しっこへい》、螺鈿玉帯箱《らでんぎょくたいばこ》など数々の名品があり、用途も技法も多様にわたっています。正倉院の漆工品は日本漆芸の基本となり、今でも制作の原点としている作家も多くいます。漆の分野だけではなく、芸術や日本文化の一つの原点でもあります。仏像も乾漆の技法で作られ、興福寺の阿修羅像などの代表作があります。それを安置している建造物も漆が塗られ、内部にも様々な塗りが施されています。

平安時代の漆は、奈良時代の正倉院御物にある技法の「末金鏤《まっきんる》」が源流となる日本の漆工独自の技法である金銀の蒔絵《まきえ》が完成されました。この蒔絵を中心に漆工品が作られ、金銀粉の製造が発達し、それに伴い蒔絵の技法も進歩しました。制作年代のわかる最古の漆器、蒔絵品は京都仁和寺にある国宝《宝相華《ほっそうげ》迦陵頻伽《かりょうびんが》蒔絵《まきえ》塞《そく》冊子箱》（図2）で、素地は「塞《そく》」で乾漆です。「塵地《ちりじ》」という淡く金粉を蒔いたところに、金銀の研ぎ出し蒔絵で宝相華、迦陵頻伽などを描いています。

国宝で世界遺産に登録されている宇治市の平等院鳳凰堂、岩手県平泉町の中尊寺金色堂があり、寺社建築と内部の宗教用具、駕籠、帳台、輿などの乗り物、家具調度品など、漆で塗られ飾られていました。技法も蒔絵、螺鈿を中心に国風文化が花開いたと同じく、漆芸の名品が多くあります。現在、漆器産地の岩手県の秀衡塗りは、奥州藤原氏の秀衡が京より各種の工人を呼びよせたことが始まりです。

鎌倉時代になると、蒔絵も更に発展し、高蒔絵《たかまきえ》などが完成し、金銀粉もより進歩して平目地《ひらめじ》、梨子地《なしじ》などと截金《きりかね》を応用して絵画的蒔絵の表現ができました。国宝の《時雨螺鈿鞍》、《蝶牡丹蒔絵手箱》、《籬菊螺鈿《まがきにきくらでん》蒔絵硯箱》など多くの素晴らしい作品があります。この時代は、宋の影響が強く、漆も堆朱《ついしゅ》を模し、仏師運慶の孫康運が鎌倉彫を創作し、現在まで続き、各地の同じ技法の産地に広がりました。また、根来塗もこの時代のもので、和歌山県岩出市の根来寺でお寺の中で製造していた仏具から家具、食器で、桧などの木地に本地、本堅地《ほんかたじ》の下地をして、黒漆を数回塗り、貴重な朱の朱漆を最後に塗った朱漆器です。使っているうちに角や高く出ているところの朱漆の層が磨り減り、下の黒漆の層が現れ、艶が出て、使うことにより人の手で意図しない自然な古びがついて茶人や一般の人の注目を集めました。根来寺は豊臣秀吉により焼き払われ、僧の中で漆工をしていた人が各地に移り住み、そこで漆器の技法を伝えました。現在、その起こりとされる産地が和歌山県の紀州漆器、石川県の輪島塗などがあります。

室町時代は社会も安定し、各地で産業も盛んになり能、茶の湯、書院造などが生まれ、民衆にも多くの影響がありました。鎌倉時代に続き蒔絵が発達して、漆芸界の流派の祖となる名工が活躍し、数々の名品が生まれました。茶道の流行で茶器が作られ、棗《なつめ》もこの頃から作られるようになりました。中国との関係では、日本では中国の堆朱・堆黒を珍重し、輸入して模造を作りました。反対に中国から蒔絵の技法を習いに来たことが、中国の書物の「髹《きゅう》飾録」にあるそうです。諸説ありますが、春慶《しゅんけい》塗《ぬり》もこの頃に作り出されました。和泉国堺の漆工春慶が考案した春慶塗は、堺の他に飛騨、能代、粟野、伊勢などがあり、塗の技法として広く親しまれています。富山県の城端漆器《じょうはなしっき》の城端蒔絵もこの頃に始まりました。

図3　尾形光琳《八橋蒔絵硯箱》　東京国立博物館蔵

安土桃山時代は、統一政権で権力と富を背景に、文化も派手で豪華で、器具類から建築まで蒔絵を盛んに施しました。その代表が「高台寺蒔絵」といわれる秀吉と北政所の金蒔絵の霊屋のある高台寺にちなんでつけられた名で、霊屋の蒔絵と秀吉の用いた調度類をいいます。この時代にはヨーロッパとの貿易が行われ、日本からは漆器が大量に輸出されました。これが「南蛮蒔絵」で、宗教用具、調度類など金銀の蒔絵、螺鈿の技法で作られていました。琳派の始まりもこの時代で本阿弥光悦の《舟橋蒔絵硯箱》が代表作です。光悦は書、陶芸などの作品も残しています。木地蒔絵も、京の蒔絵師によってこの時代に創作されました。この頃から大名が領地を治めるために漆器も生産し始め、福島県の会津塗も、この時代に蒲生氏郷《がもううじさと》によって工人が来て産地となりました。

江戸時代は幕藩体制のもと安定した社会体制で産業と経済も発展し、漆の木を全国で育て、栽培、採取の技術も進み、採取量も増えました。経済も国内の自給自足でも発展し、豪商を生み出しました。豪商は芸術を援助し、幕府や各大名は漆の職人や工人をお抱えにして、漆の技法と意匠の発展と新たな技法表現を生んだ時代です。地方においても、現在の漆器の産地の元となる漆器を、特産品として名物漆器の生産を始めました。江戸時代も半ば頃から、庶民も漆の器を使えるようになり、生き生きとした漆工品が作られました。蒔絵師はその技を競い、個性的な作品を生みました。琳派の尾形光琳は、商家に生まれて武家や豪商の援助で、絵画や工芸品を作りました。（図3）小川破笠《はりつ》は「笠翁細工」という螺鈿、鼈甲、陶片、ガラスなど様々な素材を使って表現しています。「杣田細工《そまだざいく》」は京の青貝師の初代が富山藩に招かれて、それから代々富山藩で印籠、香合、重箱、箪笥などを作り、大名からの注文も受けていたようです。海外との貿易では、日本の蒔絵漆器《まきえしっき》はヨーロッパで人気が高く、漆器、蒔絵、漆が「ジャパン」と言われるのは、この頃にヨーロッパでは中国と日本の流行があり、蒔絵漆器が日本から渡ったからです。マリー・アントワネットや母のマリア・テレジア共に蒔絵漆器のコレクターで、現在もフランスの美術館にあります。

明治維新の変革で、社会が大きく変り、明治の始めには大名旗本の所

図4　柴田是真　《烏鷺（うろ）蒔絵菓子器》　東京国立博物館蔵

蔵品がただのような値段で売られ、蒔絵の金を削り取って売ったりもしたそうです。蒔絵の名品が海外に流出し、廃仏毀釈もあり蒔絵のみならず多くの美術品、文化財が壊され、安く売られて海外に渡りました。文明開化のために西洋文明を調査に行った岩倉使節団が、欧米で日本の工芸品が博物館に大切に陳列されているのを見て、世界での評価を理解し工芸の振興のための方策がとられました。官製展覧会での工芸部門の設置、研究教育機関の設置などが進められました。万国博覧会にも、江戸末期に幕府などがパリ万国博覧会に参加し、明治政府になりウィーン、シカゴ、パリの万国博覧会に参加し「ジャポニズム」という日本心酔、日本趣味の流れがおこりました。当時の宮内省が各種の専門の作家を帝室技芸員に命じる制度をもうけ、漆では柴田是真《ぜしん》（図4）、池田泰真、川野辺一朝、白山松哉が命じられました。この四氏は名実ともにすぐれた作家です。この他に小川松民、橋本市蔵、鈴木嘉助などの名工がいて、沢山の名品が生まれました。漆は輸出品として外貨獲得の目的もありましたが、明治、大正時代の近代化、欧米化のなかで独特な発展をしました。大正の終わりには、民芸運動が起こり手仕事の用の美に注目し、明治の美術の評価に対し、民衆的工芸品の中に真の美を見出し、漆にも新たな魅力を示し、その漆工品が生まれました。

　昭和も戦前までは漆の需要は変らず、各産地や各業種で漆が使われていました。この時代の建築や新しいものに漆が使われ、国会議事堂の御休所は漆による見事な内装で、衆参両院の議席も桜材に拭《ふ》き漆《うるし》で仕上げています。作家も公募展のために作品を作りました。戦後は、日本の復興のために工業化と科学技術を発展させました。生活様式、住宅、食生活が変り、漆の需要も減りました。化学塗料の開発も進み、漆に置き代わるものもありました。漆器の産地も、業務用の漆器の産地の越前塗は、現在では漆とプラスチック加工と両方で業務用漆器を生産しています。漆の作家も増え、公募展や個人での発表、現代美術からの影響をうけての制作、民芸的な生産の漆器など多種多様な作家、工人から漆器が生まれています。一方では、人々の漆器の需要が少なくなっています。最先端技術での漆の応用は始まったばかりで、大きな援助をする公的機関や資本家は少なく、作り手も漆の歴史の勉強や他の分野との応用の研究も進まず、教育機関、公募展団体、漆の産業界の連携も消極的で、現在の漆の置かれている状況は厳しい面もあります。

漆の素地——木と漆

　漆は液体なので、そのものでは形になりません。「堆朱板《ついしゅいた》」といって漆を数百回塗り重ねて漆だけの板をつくる場合も、ガラス板に塗り重ねて最後にはずします。漆には塗って形にする素地が必要で、様々なものに塗ることができます。素地の種類は、木材、竹、乾漆、紙、皮、金属、陶磁器などがあり、現在はガラス、合成樹脂などもあります。

　木材は樹種や加工方法などが多く、小さなお箸から大きな建造物まで木で作れるものは大きさ、形が自由につくれます。日本の国産の木材にはほとんどは漆を塗ることができます。例外として、成分に漆を柔らかくする「樟脳《しょうのう》」を含むクスノキは、漆が乾きにくくなる場合があります。また、外国産のチーク材は油分が多く含み、漆が乾きません。木によって構造や成分が異なるので、デザインや用途に合わせて選びます。軽いものにしたい場合は、キリが適していて、経年変化が少なく最も持ちが良いのは、法隆寺の建材に用いられているヒノキです。木目を生かす塗りの「拭き漆」、「木地溜《きじだ》め塗り」、「目はじき塗り」には木目がはっきり

上段右より　ヒノキ・カツラ・ホウ・ヤクスギ・スギ・サクラ・シナ・ヒバ・コクタン
中段右より　キリ・セン・タモ・タモ(漆)・クワ・ケヤキ・カエデ・トチノキ
前列右より　ウルシ、ウルシ(漆を塗ったもの)・クリ、クリ(漆を塗ったもの)・キハダ、キハダ(漆を塗ったもの)

した材質のものを選びます。

　一般的に、針葉樹は柔らかく、広葉樹は硬いです。広葉樹には道管（水分を吸い上げる管）が年輪に沿って並ぶ「環孔材」と不規則に並ぶ「散孔材」、木の中心から放射状に並ぶ「放射孔材」があります。環孔材は木目がはっきりとして、散孔材は木目がハッキリしていないです。同じ木でも成長によって木目がまっすぐのものや、暴れているものがあるし、製材時の切り方で木目の現れ方も違いますので、実際によく見て吟味したほうが良いでしょう。

　木の加工法は「指物《さしもの》」、「挽《ひ》き物」、「曲げ物」、「刳《く》り物」があります。指物は木材を板や棒状にして、組み合わせて形にする方法で、箱や引出し、机や椅子などが作れます。桶や樽も指物の延長にある方法になります。挽き物は、旋削加工で材料を回転させて刃物を当てて削る方法で、木工轆轤と木工旋盤があり、お椀、お盆、丸柱など丸い形の回転体が作れます。曲げ物は、木を蒸し煮にして曲げ形にする方法で、薄い板ですと曲げ輪のお弁当箱などがつくれ、棒状の物を曲げて椅子などを作ります。刳り物は、自由に木を刃物で形をつくり、鉢やお盆、箱などを作ります。鎌倉彫や村上堆朱《ついしゅ》のように、彫りで表面にレリーフ状に文様をつけることもできます。

　竹は、その形を利用して塗ることもできます。籃胎漆器《らんたいしっき》は、竹を一定の巾のヒゴにして編み組んで形にして漆を塗ります。編み組んだ目を表面に出す方法と、漆の下地で目を覆って平にする方法があります。竹はヒゴを編まずに曲げ輪のようにでき、また、竹を旋削加工して形にして器なども作れます。

　乾漆は、型を作り、型の形に漆器を作る方法です。型に麻布と和紙を漆で張り重ねて作ります。型は石膏、粘土、木、金属など離型措置をして使います。乾漆は、自由な形、大きさができます。器から箱、家具など様々な漆器を作れます。

　紙は紙胎の張り抜きの「一閑《いっかん》張《ば》り」で、型に離型措置をして、蕨糊《わらびのり》で和紙を張り重ねて、型から外して漆を塗ります。茶道で使う棗、香合などを作ります。駕籠や木に和紙を張り、漆を塗った物も「一閑張り」と言います。現代は段ボール、ボール紙、紙テープで形をつくり、漆を塗った漆器もあります。

　皮を使う漆皮は、木型などに柔らかくした皮を固定して、形にして漆を塗ります。皮は牛が主ですが他のものも使います。鹿のなめし皮に漆で型を使い文様をつけたのが「印伝《いんでん》」です。

　金属は、「金胎《きんたい》」と言って、鉄、銅、錫、真鍮などの金属に１２０℃から１７０℃程で漆を焼き付けて、下地として、塗りをして加飾《かしょく》を行えます。金属加工ができれば自由な作品ができます。

　陶磁器は、陶器でも磁器でも釉薬をかけないで、本焼で焼締め、漆を１２０℃程で焼き付け、下地として、その上に塗りや加飾ができます。

漆かぶれと効用

　漆というと「かぶれる」と誰もが言います。実際に誰でもかぶれます。まれに全くかぶれない人もいます。かぶれは、体のアレルギー反応でおこります。アレルギー性接触皮膚炎で、赤く腫れたり、水疱ができたりと、症状の程度と状態は様々です。また、体調によりかぶれ方も変ります。原因と仕組みは、始め漆が肌に触れると、漆の中のウルシオールに体のある細胞が反応し、外敵と認識して、抗体を作る細胞に情報を伝えます。別の細胞に抗体が結合して、ウルシオールを撃退する準備をします。この状態から、次に漆に触れて反応することを抗原抗体反応と言い、過剰に作用して赤く腫らし、水疱を作る炎症を引き起こします。原因は乾いて（硬化して）いない漆の中のウルシオールです。漆がしっかり乾いていれば漆器でかぶれることもなく、漆を扱う時に肌に触れなければかぶれることはありません。漆を長年扱っていると、手首から先は漆が触れてもかぶれなくなる場合もあます。これは、アレルギーの治療法の一つに減感作療法があり、このことに似ています。

かぶれを防ぐには、乾いていない漆に触れないことですが、漆器を作るときは、作業着やゴム手袋を着用して肌を出さないようにします。首にも布などを巻き、顔などは保護用クリームを塗ると防げます。女性はお化粧を少し厚めにすると良いでしょう。昔は菜種油や植物のイタドリの汁を塗って、かぶれの防止にしました。現代は、漆かぶれは医学で解明されていて、防止するためのゴム手袋なども良いものがありますので、それほど恐れることはないでしょう。漆が肌に付いてしまったら、菜種油で浮かすように漆をとり、石鹸で洗うと落ちます。灯油、シンナー、アルコールなどで洗うと反対に肌に漆を広げてしまいます。

かぶれたら、痒みにたえて、引っ掻いて傷にならないように注意し、清潔にしておきます。水やアルコールで冷やすと痒みは落ち着きます。我慢できない場合は、皮膚科の診察を受けて薬を使うと治ります。昔や地方の民間療法としては、沢蟹をつぶした汁を塗る、海水浴、スギナをもんで出た汁か煎じ汁を塗る、枇杷の葉を焼酎に漬け込んだ汁を塗る、温泉に入る、硼酸水《ほうさんすい》湿布などがあります。実際に海水、スギナ、枇杷の葉、温泉は症状が軽くなりました。

漆はかぶれますが、乾いてしまうと丈夫で美しいです。主成分のウルシオールは、抗酸化性と自動酸化性の相反する特徴を持ちます。漆と漆の中の成分が、相反することを同時に持つところに神秘性があります。善と悪、清濁、同時に持ち合わせることは、生物は体の中で相反することのバランスをとりながら、生命活動をしていることと重なります。人間は精神面でも相反する思いや考えを持ちながら、バランスをとることで悩み成長します。人は他の動植物の命を頂いて生きています。古墳時代に、漆を土器の器に入れて祭ったものが出土しています。古代からかぶれる漆に対して生命の営みと、人の力の及ばないものを感じ、そこに神秘性と信仰心を持ったのではないでしょうか。

漆は接着材と塗料以外の利用として、薬用にも使われていました。冬に手足にできるアカギレには、一滴漆を入れ、ご飯粒をつけた和紙で蓋をすると、次の日に治ると本に書いてありました。実際に試したところ治りました。漆の芽も天麩羅や和え物で食べられ、花も焼酎に漬け込んで飲みます。実は煎ってコーヒーのようにして飲みます。それぞれ強壮に効用があるようです。

漆の器は乾いてしまえば、熱や湿気、酸やアルカリ、塩分に強く、アルコールや有機溶剤にも溶けることはないのです。漆器の製作過程でも、有機溶剤は必要ないので、漆の食器からは化学物質は一切出ることはなく、間違って噛んでしまって、かけらを飲み込んでも体には無害で、安全な食器と言えます。

漆を知る場所と参考図書

漆を作るのも使うのも、漆を楽しむには、実際の物を見ることが大切です。本物に触れると理屈なく伝わるものがあります。同時に漆の歴史と素材と技法を知ることが、深く楽しめる方法です。東京国立博物館はじめ各地の博物館、美術館に漆の展示があります。自分の住む街の郷土資料館や文化財センターにもあるかもしれません。全国の漆器の産地、漆の出土品がある遺跡に展示施設があります。

漆の本は、松田権六著『うるしの話』（岩波文庫）があります。これは本当に良く書かれた本で、漆のことや蒔絵の技法などやさしく書かれています。四柳嘉章著『漆の文化史』（岩波新書）、千葉敏朗著『縄文の里　下宅部遺跡』（新泉社）など、最近の漆の本があります。

本書も、多くの人に漆の良さ、楽しさを伝え、身近に漆器を作っていただくためにまとめました。漆の持つ魅力や多くの人たちの知恵や文化を、次の世代に受け継ぎ、漆のある平和な暮らしを望んでいます。

漆《うるし》工芸入門講座　第1回

陶芸を漆でつなぐ「金《きん》継《つ》ぎ」

日本の「漆芸《しつげい》」は、西洋では「ジャパン」と呼ばれているように、日本を代表する美術工芸品でした。

現代では、もはや本物の「漆器」を日常生活で使う機会はほとんどなくなり、安価な代用品ばかりが流通しています。

しかし、近年、天然素材としての漆器の良さが見直され、陶芸と同じように趣味で「漆工芸」を始める人も増えてきています。

本講座では、「漆工芸」に興味を持たれる読者のために、初心者から一人でできる基礎的な技法を紹介します。

第1回は、合成樹脂や有機溶剤を使わない、昔ながらの天然素材である本物の漆を使って、破損した陶磁器を漆でつなぐ「金継《きんつ》ぎ」（金繕《きんつくろ》い）技法を取り上げます。

柴田克哉　SHIBATA Katsuya

１９５８年東京都葛飾区生まれ。87年東京芸術大学大学院美術研究科漆芸専攻修了。２００６年取手市に「小文間工房」開設。日本橋三越、工芸いま、ギャラリー田中、ギャラリーおかりやなどでの展覧会や、「取手アートプロジェクト」ワークショップなどの活動のほか、武蔵野美術大学非常勤講師、播与漆工芸教室講師、茨城県立取手松陽高校講師なども務める。

道具と材料

研磨材

①**クリスタル砥石《といし》（左）・下地用砥石（右）** 1000番・800番

②**空研ぎペーパー** （紙ヤスリ）240～320番（8ツ切サイズ）

③**呂色磨き粉《ろいろみがきこ》**

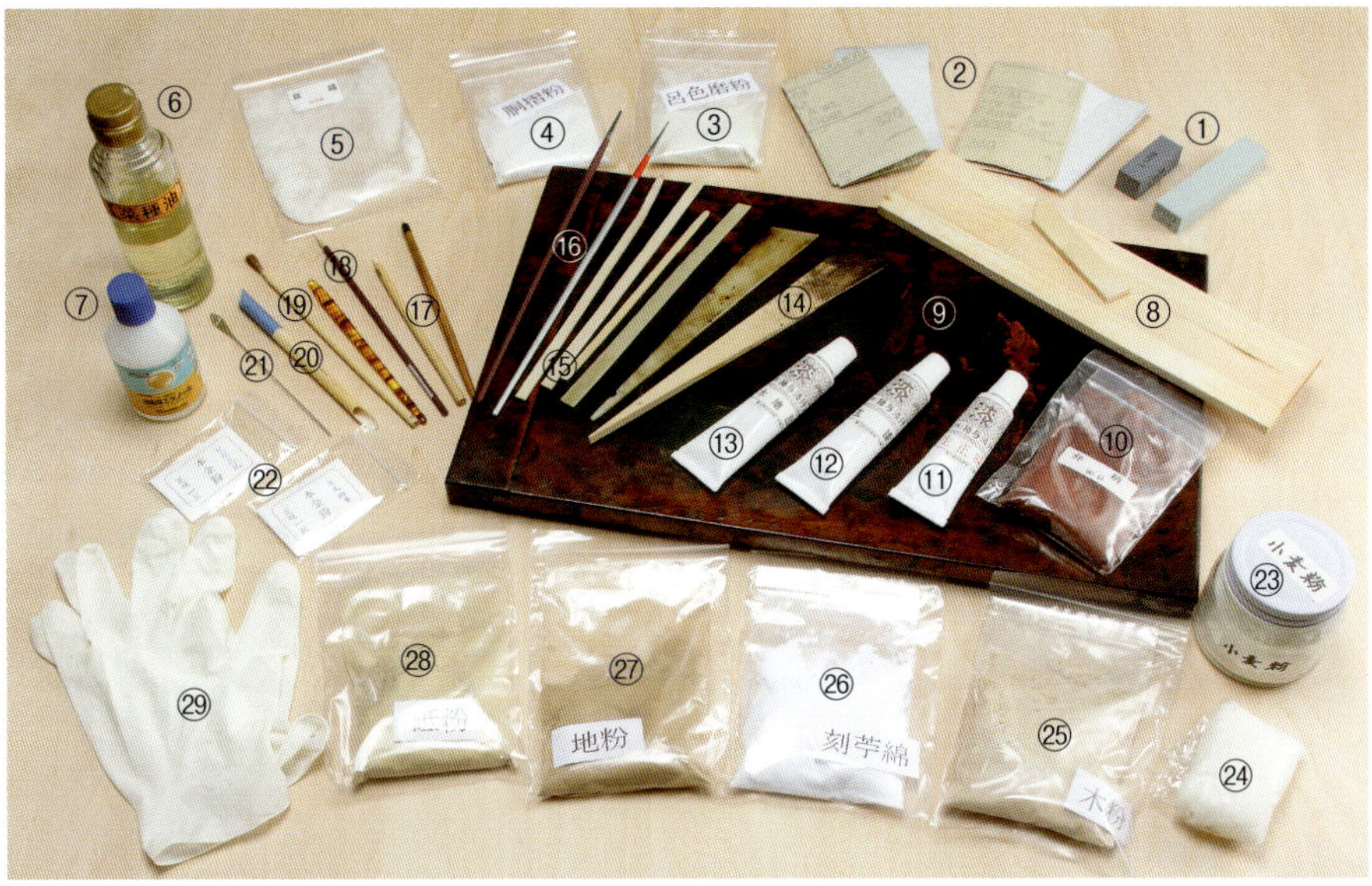

④**胴摺り粉《どうずりこ》**

⑤**真綿** ⑥**菜種油**

⑦**アルコール** （エタノール）

⑧**木切れ** カケラの代用にする

⑨**定盤《じょうばん》** 漆などを混ぜる作業板

⑩**ベンガラ** 酸化第二鉄

漆

⑪**生正味漆《きじょうみうるし》** 日本産の上質生漆

⑫**生漆《きうるし》** 漆の木から採取した原液からゴミなどを取り除いた無精製の漆

⑬**木地呂漆《きじろうるし》** 精製した漆で、顔料を加えて色漆《いろうるし》を作る際の元になる

⑭**ヘラ** ⑮**竹ヘラ各種**

⑯**下地《したじ》用筆**

⑰**鯛牙《たいき》** 研磨用

⑱**蒔絵筆《まきえふで》**

⑲**払い毛棒**

⑳**粉筒《ふんづつ》** 竹筒の片方の口にメッシュが貼られたもの

㉑**粉匙《ふんさじ》**

㉒**金粉**

㉓**小麦粉**

㉔**米糊《こめのり》** 上新粉と水を1：4で混ぜ、混ぜながら熱したもの

下地材《したじざい》

㉕**木粉《もっぷん》**

㉖**刻苧綿《こくそわた》** 麻布の繊維が塵状になったもの

㉗**地の粉《じのこ》** 珪藻土《けいそうど》などを焼いて粉末にしたもの

㉘**砥粉《とのこ》** 砕いた土の微粒粉を沈殿させてより分けた粉

㉙**ゴム手袋** カブレ防止用

欠損の種類と修復法

①**ひび・にゅう** かすかなひび。ひび・にゅうは、木地呂漆をひびの部分に染み込ませて焼き付け、そのあとに金を蒔く。

②**欠け** 大きな欠けは破片を漆で継ぐ。破片がなければ檜《ひのき》などで欠損部分を補いその上に漆を塗る方法や、別の器のかけらを漆で継ぐ「呼び継ぎ」という技法などがある。

③**ほつ** 小さな欠け。破片がなくても漆を塗って補修できる。

④**割れ** 割れた器の破片で繕う「共継ぎ」か下地漆《したじうるし》で繋ぐ。強度が弱い場合は、上塗りの前に布や和紙で補強する。

金《きん》継《つ》ぎ

金継ぎの起源は、縄文時代に土器を漆で補修していたことに始まります。茶の湯が盛んになった室町時代に、漆で補修した上に金を施すようになりました。器の格を上げ、景色として楽しみます。日本独自の美意識と文化に由来し、物を大切にする心の表われとして行われます。

完成品

前処理

1 すでに合成接着剤などで接着してあるものは品物をお湯に浸けておき、剥す。その後、食器用石鹸などで洗い、乾かす。

2 空研ぎペーパー240番を8分の1大にカットし、さらに3等分にして、棒状に丸めて使う。

3 金継ぎする部分や欠けた所を、丸めた空研ぎペーパーで研ぐ。

固め（焼付け）

1 定盤に木地呂漆を適量（米粒大）出す。金継ぎ部分に漆を焼き付けると、漆が固着して、次から常温での乾燥で作業できる。

2 木地呂漆を下地用筆にたっぷり含ませ、金継ぎの接着面に染み込ませるように塗る。

3 木地呂漆を塗った面をティッシュペーパーで2～3回押さえ、余分な漆を取る。

4
アルミホイルで覆い、オーブンなどで120度、1〜2時間かけて焼き付ける（ここでは別の品物を入れている）。

5
筆は定盤上で毛先を菜種油で洗って漆を取り、油をつけたまま保管。定盤はヘラで汚れを取り、布で拭き取りアルコールで拭く。

接着・接合（麦漆《むぎうるし》）

1
接着用の「麦漆」を作る。米糊に少しずつ小麦粉を加え、ヘラで堅いツノが立つぐらいまで練る。

2
定盤に米糊に小麦粉を加えたものと同量の生漆を出す。上に重ねず横に並べて出し、分量を確認する。

3
生漆とよく混ぜ合わせる。できた「麦漆」は3〜4日しか保存できないので必要量を考えて作る。

かけらの接着・接合

1
「固め」作業をした接着面とかけらの両方に、竹ベラで薄く均一に麦漆を塗る。定盤とヘラに残った麦漆は、よく拭き取っておく。

2
かけらをずれないように接着面に合わせて、押し付ける。

3
はみ出した麦漆はティッシュペーパーなどで拭き取る。数カ所をセロテープで固定しておく。

4 漆風呂（23頁）に入れ、1週間ほど静かに置いて、乾燥させる。セロテープをはがし、はみ出した麦漆をカッターで削り取る。

かけらがない接着・接合

1 かけらがない場合は、別に補修用の部品を作っておく。薄い檜の板を欠けている箇所に当て、カケのかたちを鉛筆で板に写す。

2 写したかたちより少しだけ小さめに木を切る。

3 カッターなどでかたちを調整する。

4 木片に「生漆」を塗り、余分な漆をティッシュペーパーで拭き取り、「漆風呂」に入れて乾燥。

5 乾燥後、素漆を接着面に薄く塗り、セロハンテープで固定し再び乾燥させる。

刻苧《こくそ》盛り

1 小さな欠損がある場合、刻苧漆を盛り付けて補っていく。【刻苧漆作り】まず、麦漆に6割ほどの地の粉を混ぜる。

2 続いて、混ぜた量の5割位の木粉を加えて練る。

3

最後にその全体の4割ほどの刻苧綿を足して練り合わせて完成。この三種の粉は一種ずつ混ぜていく。冷蔵庫で約一週間保存可。

4

刻苧漆を竹ベラで欠損部に塗り込め、漆風呂で乾燥。一回に0.5㎜位の厚さで塗り、欠損部が大きい場合はこの工程を繰り返す。

5

乾燥したら、棒状に丸めた空研ぎペーパー320番で研ぐ。

下地《したじ》付け

1

表面の細かな凹凸を「切り粉漆」で埋める。【切り粉漆作り】米糊またはご飯を練って糊にしたものに、同量の生漆を混ぜる。

2

この糊漆に同量の地の粉を混ぜると「地漆」となる。

3

地漆とは別に、地漆の半分の量の砥の粉を定盤に出す。

4

水を加え、マヨネーズほどの硬さに練る。

5

同量の生漆を加え混ぜると「錆漆」ができる。

6

厚くしたいときは粒子の大きい「地漆」を多くし、細かい作業の場合は粒子の細かい「錆漆」を多くする。

7

「地漆」と「錆漆」を混ぜると「切り粉漆」ができる。

8

下地用筆をよくアルコールで洗い、刻苧漆付けしたところに「切り粉漆」を塗る。その後、漆風呂に入れ、1日ほど乾燥。

下地《したじ》固め・研ぎ

1

切り粉漆を付けた部分を、棒状に丸めた空研ぎペーパー３２０番で研ぐ。

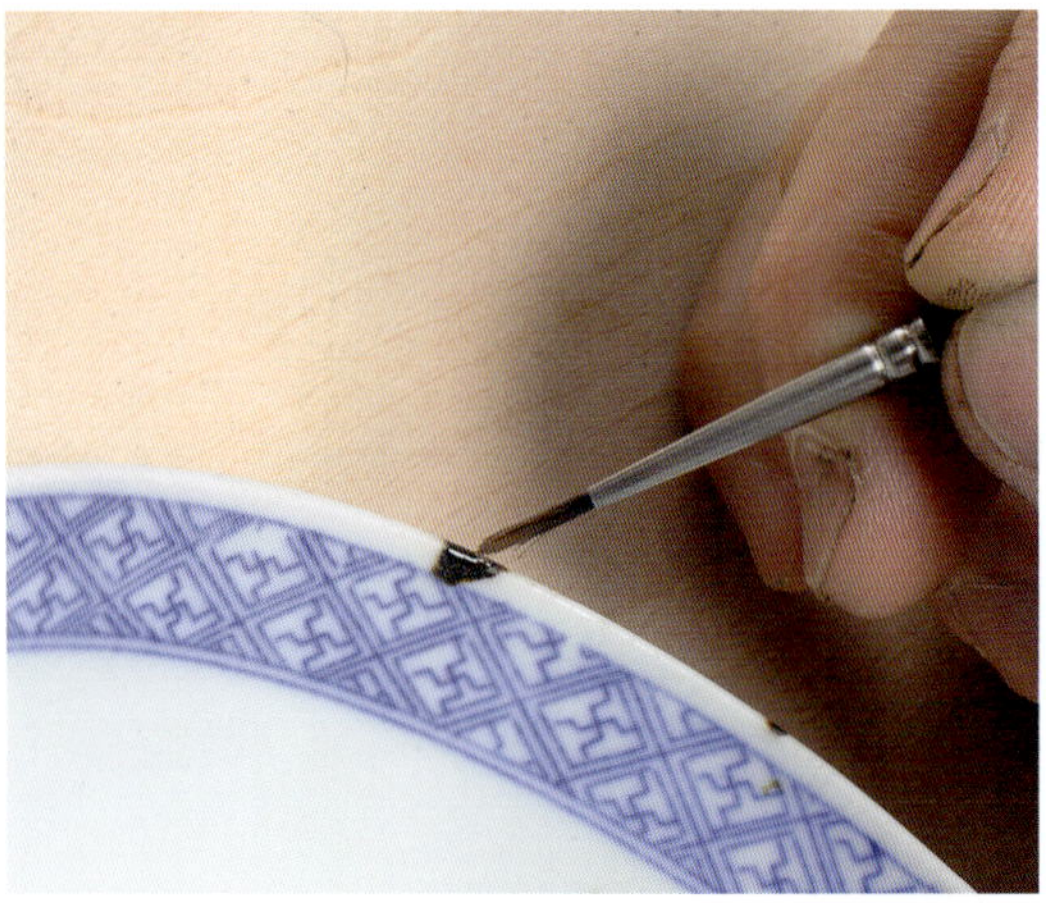

2

下地用筆で切り粉漆付けした部分に生漆を塗る。その後、上からティッシュペーパーで押さえ、約1日漆風呂に入れて乾燥。

3

クリスタル砥石１０００番で、下地固めをしたところを、平らに水をつけて研ぐ。研ぎ終えたら、全体をぬるま湯で洗う。

塗り・研ぎ

1

金を蒔く前に、「呂色漆」を塗る。定盤に呂色漆を出す。

2

筆をアルコールで洗い、油分を取り、呂色漆を塗る。薄く均一に塗る。その後、漆風呂に入れ、1日乾燥。

3 クリスタル砥石1000番で水をつけて研ぎ、表面を滑らかにする。その後、全体をぬるま湯で洗う(ここでは別の器を使用)。

地描き・粉蒔き

1 金継ぎの部分に絵漆を塗り、真綿や粉筒を使い、金粉を蒔く。大きな紙の上で作業し、風で乱れない環境を準備しておく。

2 蒔絵筆をアルコールで洗い、油分を取る。

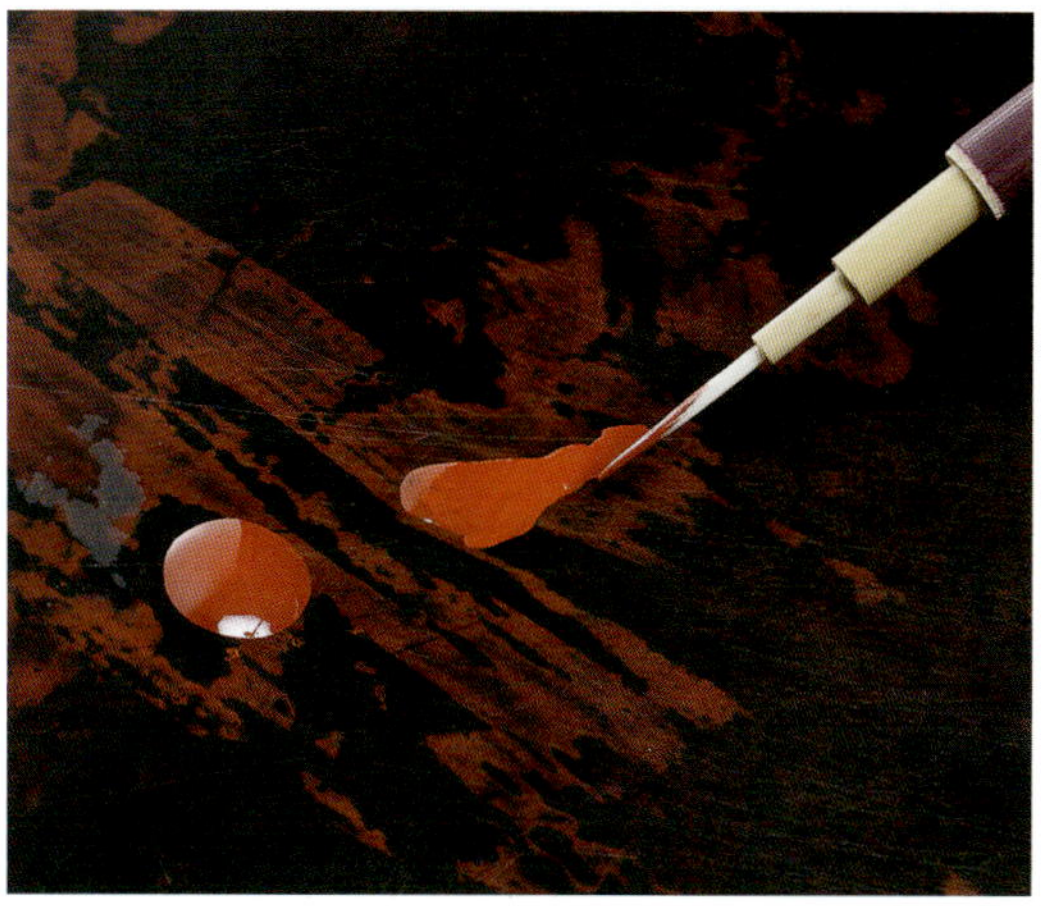

3 蒔絵筆の先半分位まで「絵漆」(生正味漆を精製し、ベンガラを混ぜたもの)を含ませる。

4 【地描き】水研ぎが終わった部分に薄く均一に塗る。大きい場合、2、3回に分けて塗る。裏側からも表と同様に地描きを行う。

5 粉筒に粉匙で金粉を入れ、鉛筆をにぎるように持ち、中指などで筒をはたく。その後、漆風呂に入れ、2、3日乾燥させる。

6 余計な部分の金粉は、大きな紙の上で払い毛棒で掃き、紙上に溜まった金を集めておく。

7 他の方法では、金粉を真綿にからませ、綿を指で叩くようにして継ぎの部分に降りかける。その後、漆風呂で2、3日乾燥。

粉固め

1

次に、蒔いた金粉を漆で定着させる。まず、定盤に生正味漆あるいは生漆を出す。

2

蒔絵筆をアルコールで洗って生正味漆か生漆をつけ、金の部分に塗る。

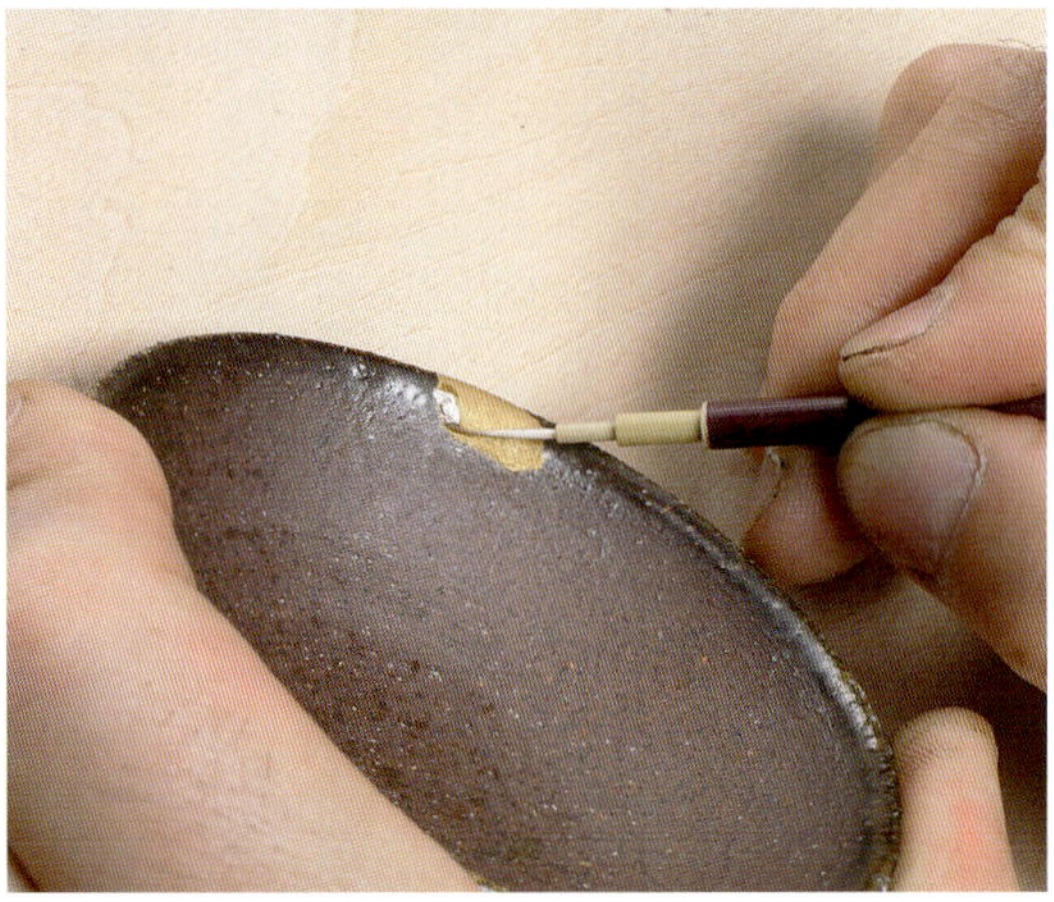

3

漆を塗った部分をティッシュペーパーで漆がつかなくなるまで（2～4回）押さえ、余分な漆を吸い取る。漆風呂で1日乾燥。

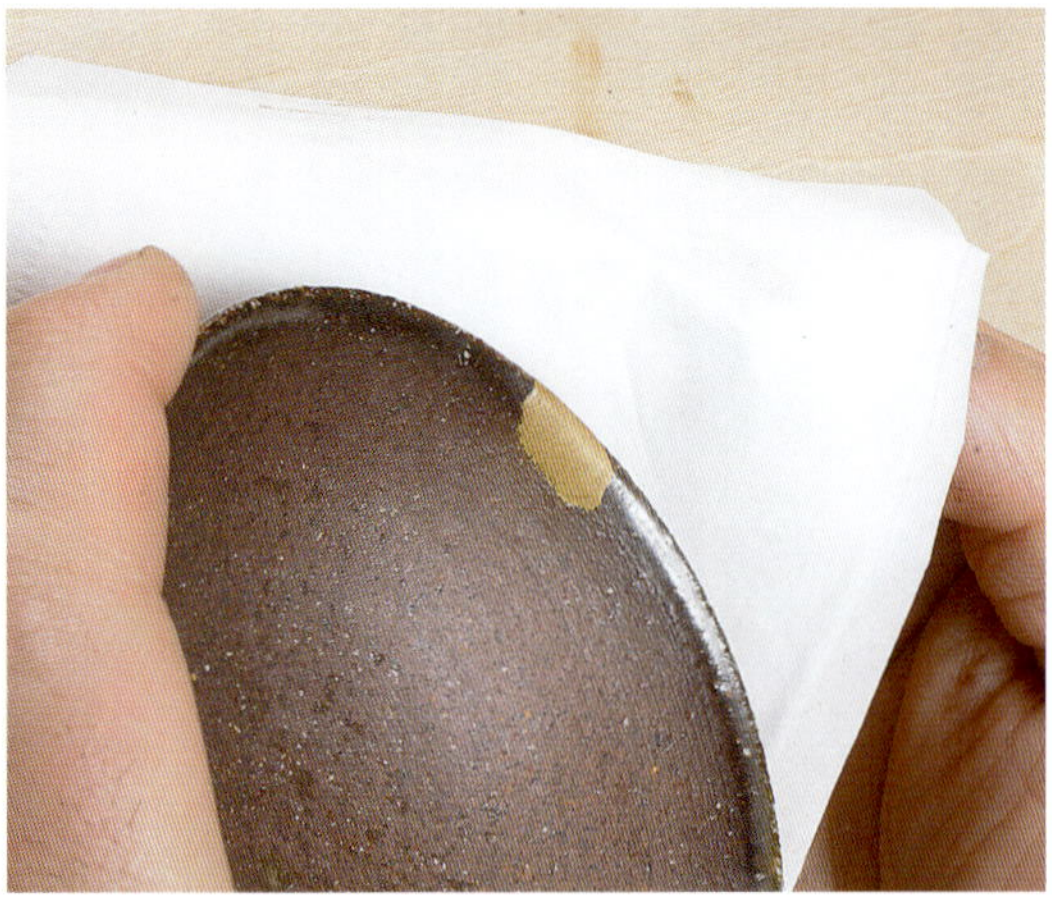

磨き

1

漆で定着した金を磨いて、綺麗な光沢を与える最後の工程。左は鯛牙（写真右は鯛牙に柄をつけた自製の棒）。

2

固めた金の部分を鯛牙を付けた棒で磨く。

3

ステンレスヘラや、ガラス棒、胴摺り粉と呂色磨き粉で磨く方法もある。定盤の上に磨き粉と菜種油を出し、指で混ぜる。

4

次に胴摺り粉から呂色磨き粉の順に磨く。

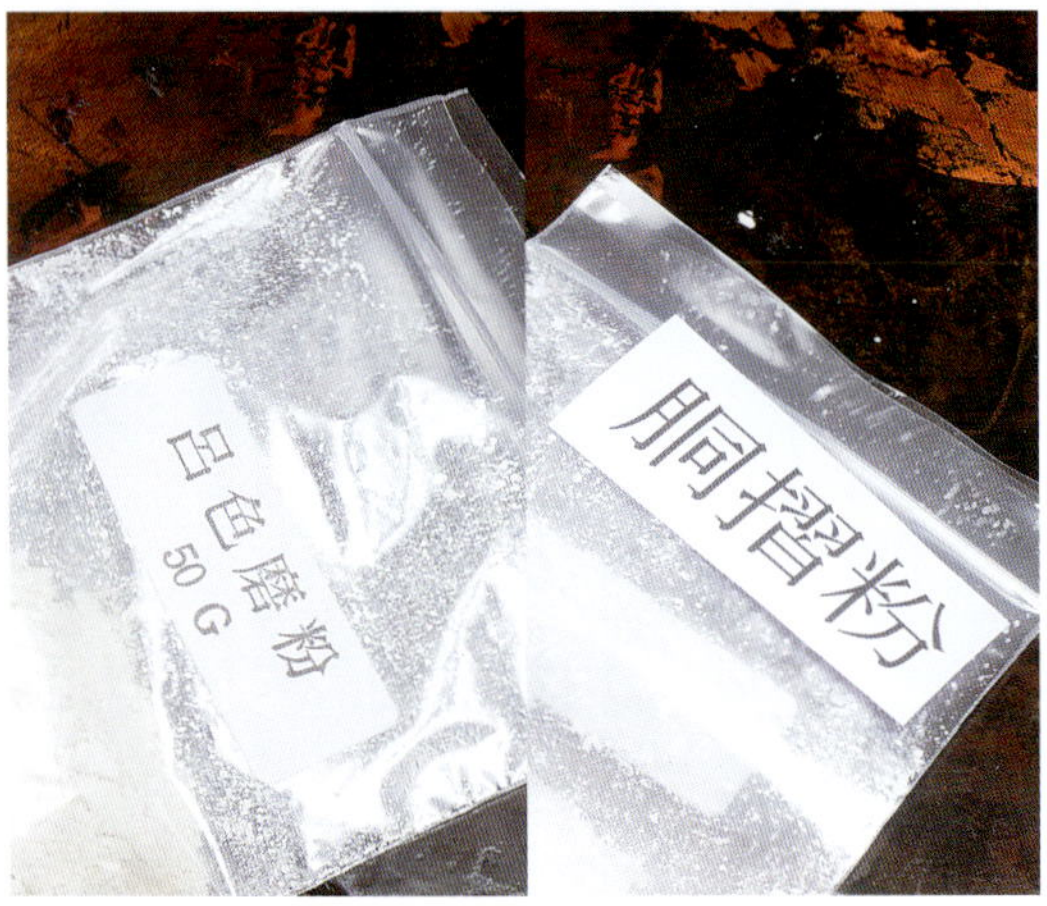

5

指に着けて金継ぎをした部分を磨く。また、使い続けるうちに、自然と手ずれなどで光っていく。

漆風呂《うるしぶろ》とは

●漆の乾燥の条件

漆は、摂氏20～30度、湿度75～85％で酸化重合する。40度以上で乾かなくなりますが、１００度から高温硬化を始め、１２０～１７０度、１～２時間で乾きます。

本格的な漆風呂は、内部に差し渡しの板をかけられる木製の戸棚になっています。自製の漆風呂は、二枚引戸で、床にヒーターを置き、漆が乾燥するのに最適な条件に保つように霧吹きで内部に水を吹き付けて調節し、温度計と湿度計を設置し、一定の温度と湿度を保つようにしてあります。

漆風呂の作り方

●家庭用漆風呂の作り方

家庭用の漆風呂は、簡単には段ボール箱でも良いですが、茶箱やワインの木箱や不要の小さな木のタンスを漆風呂に利用しても良いでしょう。杉、桧、ヒバなどで木箱を自作すると漆風呂になります。作品より周囲５～10㎝の空間があく大きさで、上から蓋ができる構造で作ります。冬は暖かい部屋に置くか、湯たんぽなどで温度を保ちます。湿度は霧吹きで内部に湿気を与えるか、濡れた布などを入れて調整します。

●簡易漆風呂（箱風呂・手風呂）

段ボールではなく、自作の木箱であれば、湿らせると湿気を自然に出し断熱効果もあり漆に最適で長持ちして愛着もわきます。風呂の目的は温度と湿度を必要条件に安定させ、ほこりを防ぐためで、また、下地の段階でも風にあてると漆が乾かなくなるので風にあてないことも重要です。これらの条件がみたされれば、お菓子の箱や梅雨時の締め切りの部屋で漆風呂なしでも乾燥します。梅雨時以外でも、加湿器や濡らしたタオルなどで加湿すれば乾燥します。

金《きん》継《つ》ぎセット

定価　6,930円（2012年9月現在）
問合せ先：株式会社 播与漆行
Tel　03-3834-1521

「金継ぎセット」に含まれるもの

①定盤《じょうばん》　作業台として使用。作業後はプラスチックヘラでこそげ取り、水で濡らしたウエス（木綿布）で拭き取っておく。

②プラスチックヘラ　練り合わせに使う。

③竹ヘラ　接合部分に麦漆《むぎうるし》や錆漆《さびうるし》を付けるのに使う。

④透漆《すきうるし》　接合する面への塗布や、「麦漆」や「錆漆」、「粉固め」に使う。

⑤弁柄漆《べんがらうるし》（絵漆）　接合した部分に塗る。弁柄漆を塗った後、金粉を蒔く。

⑥洗油（サラダ油）　皮膚に油がついた場合、すぐに作業を中止する。洗油にて良く拭き取り、石鹸で洗い流し、手を乾かす。

⑦木粉《もっぷん》　漆と混ぜて下地として使う。

⑧刻苧綿《こくそわた》　木粉《もっぷん》と同様、漆と混ぜて刻苧漆として使う。

⑨砥粉《とのこ》　木粉と同様、漆と混ぜて下地として使う。

⑩小麦粉　漆と混ぜて接着剤として使う。

⑪純金粉　弁柄漆《べんがらうるし》が半渇きになった後、真綿で蒔く。

⑫メノウ　金蒔き後、「粉固め」をして十分に乾燥させてから軽くこすると金の発色が良くなる。

⑬真綿（絹の綿）　真綿に付いた金粉は次回も使用できるため、そのまま袋に入れて保存する。

⑭手袋　カブレが心配な人は使用する。

⑮試し用台紙と綿棒　漆の乾燥を確かめるため、毎回各工程の漆を試し用の台紙に少量塗っておく。後日、漆が乾燥しているか綿棒で触って確認する。

⑯タコ糸　接合した部分を固定させるために使う。セロハンテープでも代用可。

⑰砥石《といし》　接合した部分を平らに研ぐために使う。器物に傷をつけぬように注意が必要。

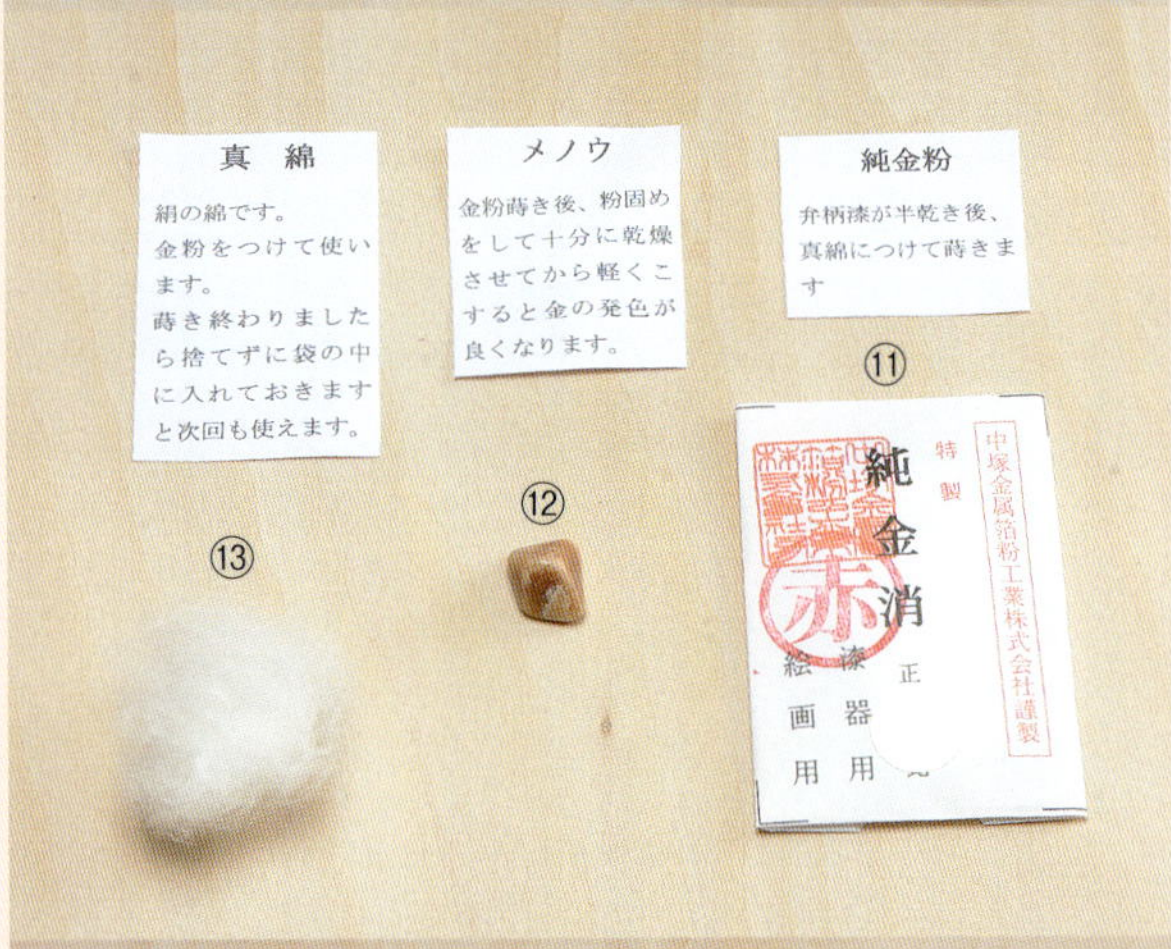

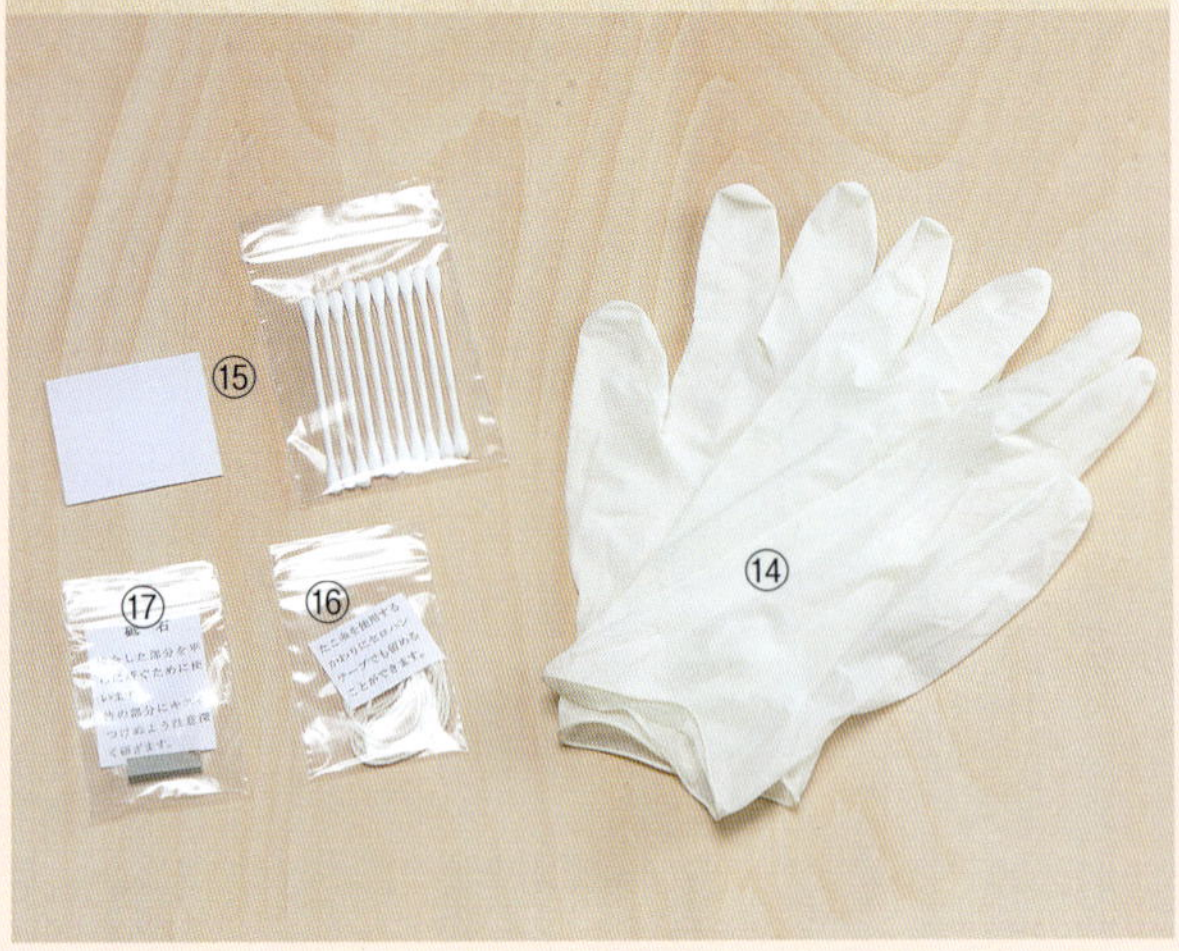

参考作品　金《きん》継《つ》ぎ

漆《うるし》工芸入門講座　第2回

拭《ふ》き漆《うるし》

柴田克哉　SHIBATA Katsuya

漆を使って陶磁器の破損を修復する「金《きん》継《つ》ぎ」に続き、本講座第2回目では、いよいよ「漆工芸」の基本となる「拭き漆」技法をご紹介します。

「拭き漆」は「摺《す》り漆」とも言い、ひたすら漆を塗っては磨くことを繰り返し、艶があって堅牢《けんろう》な器面を作り上げる技法です。

今回は、木製の盃に「拭き漆」で漆を塗り、「呂色《ろいろ》磨き」で艶を出す方法を取り上げます。「拭き漆」は、漆を綿につけ、木目に拭き込むようにして塗り重ねていく、とてもシンプルな技法ですが、木目を生かした艶やかな仕上がりには、漆工芸本来の美しさを存分に感じることができます。

道具と材料

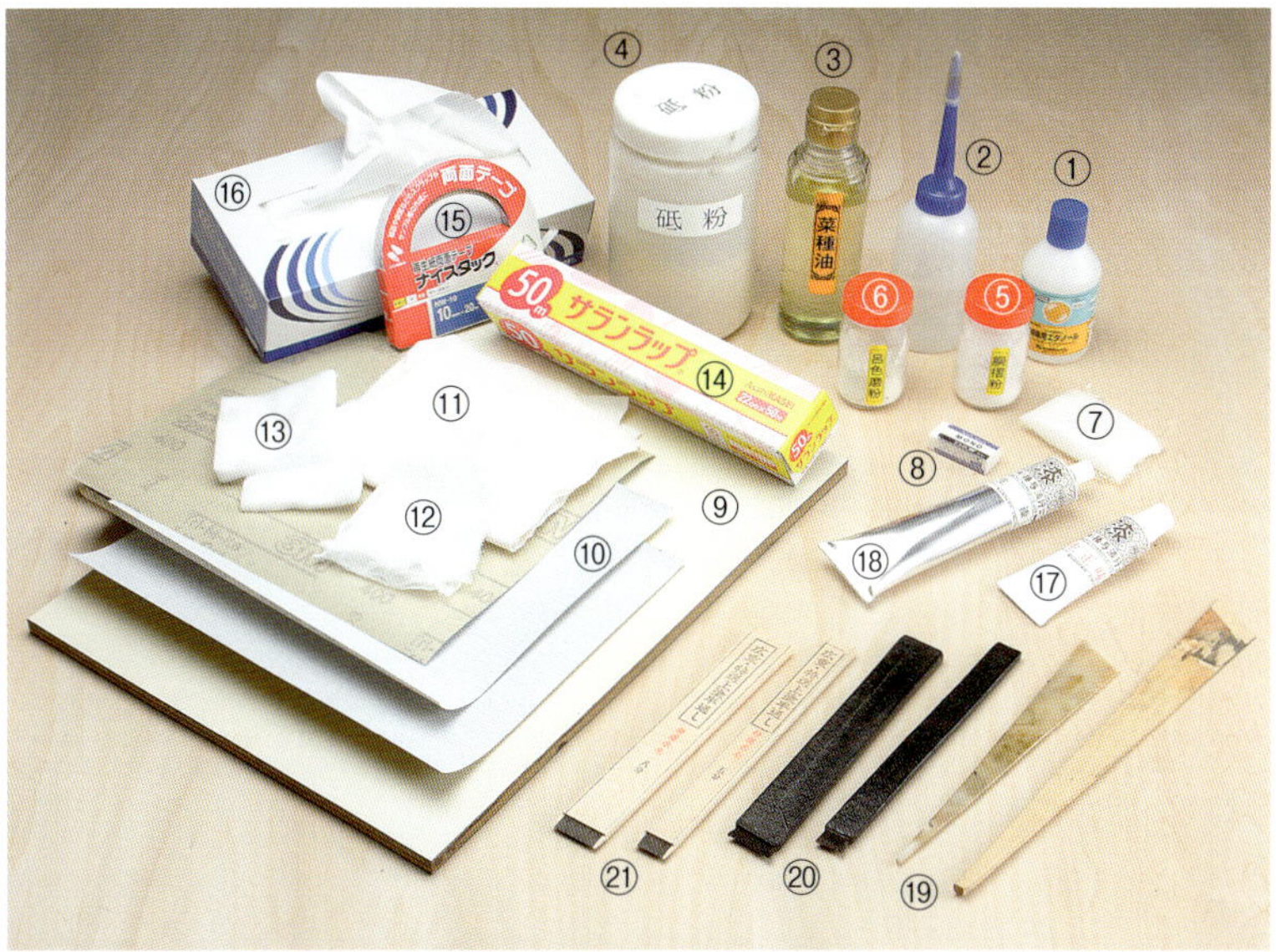

①消毒用アルコール

②灯油

③菜種油　キャノーラ油

④砥粉《とのこ》　砕いた土の微粉粒を沈殿させた粉

⑤胴摺り粉

⑥呂色《ろいろ》磨き粉

⑦米糊《こめのり》　上新粉と水を1：4の割合で混ぜ、30分置いた後加熱して混ぜたもの

⑧消しゴム

⑨定盤《じょうばん》　漆などを混ぜる作業用板

⑩空研ぎペーパー　紙ヤスリ180番、230番、320番、400番

⑪ウエス　使い古した木綿のシーツや布おむつなど

⑫ガーゼ

⑬カット綿

⑭ラップ　漆の保管に使用。サランラップなど、空気を通さないタイプのもの

⑮両面テープ

⑯ティッシュペーパー　クリネックスが柔らかく傷がつきにくい

⑰生正味《きじょうみ》漆《うるし》　日本産の上質生漆

⑱生《き》漆《うるし》　漆の木から採取した原液からゴミなどを取り除いた無精製の漆

⑲ヘラ　大小2種類

⑳漆《うるし》刷毛《ばけ》　下地《したじ》用布貼り済のもの

㉑漆刷毛　大小2種

その他　漆風呂用の箱・さじ・セロテープ・はさみ、かぶれる人はゴム手袋を用意

今回使用する木地（欅材の盃）

漆刷毛の構造と使い方

漆を塗る刷毛は、人毛を板状に漆で固めた「毛板」を、四方から薄い檜《ひのき》の板で張って作られている。刷毛の先から元まで全部毛板が入っている「本通し」、先から半分まで毛板が入っている「半通し」がある。

使用するときは、白木のままだと傷みやすく、また洗浄に用いる菜種油が染み込んで、塗りに影響が出てしまうこともあるので、和紙や麻布など繊維の細かい丈夫な布を貼って漆で固めるなど、使う人が工夫して仕立てる。

毛先が傷んできたら、塗師刀《ぬしとう》で毛先を切り、板の縁を鉛筆のように削って新しい毛板を出す。

【使い方】

「下地用」「塗り用」があり、さらに「塗り用」は「透《す》き漆《うるし》用」「色漆《いろうるし》用」に分け、ある程度使って毛先の調子が良くなったものを「上塗り用」として使う。

【使い始め】

- 下地用…灯油やアルコールなどで、毛先に付着している菜種油を洗い落とす。
- 塗り用…塗りに使う漆で、毛先に付着している菜種油やごみを洗い落とす。

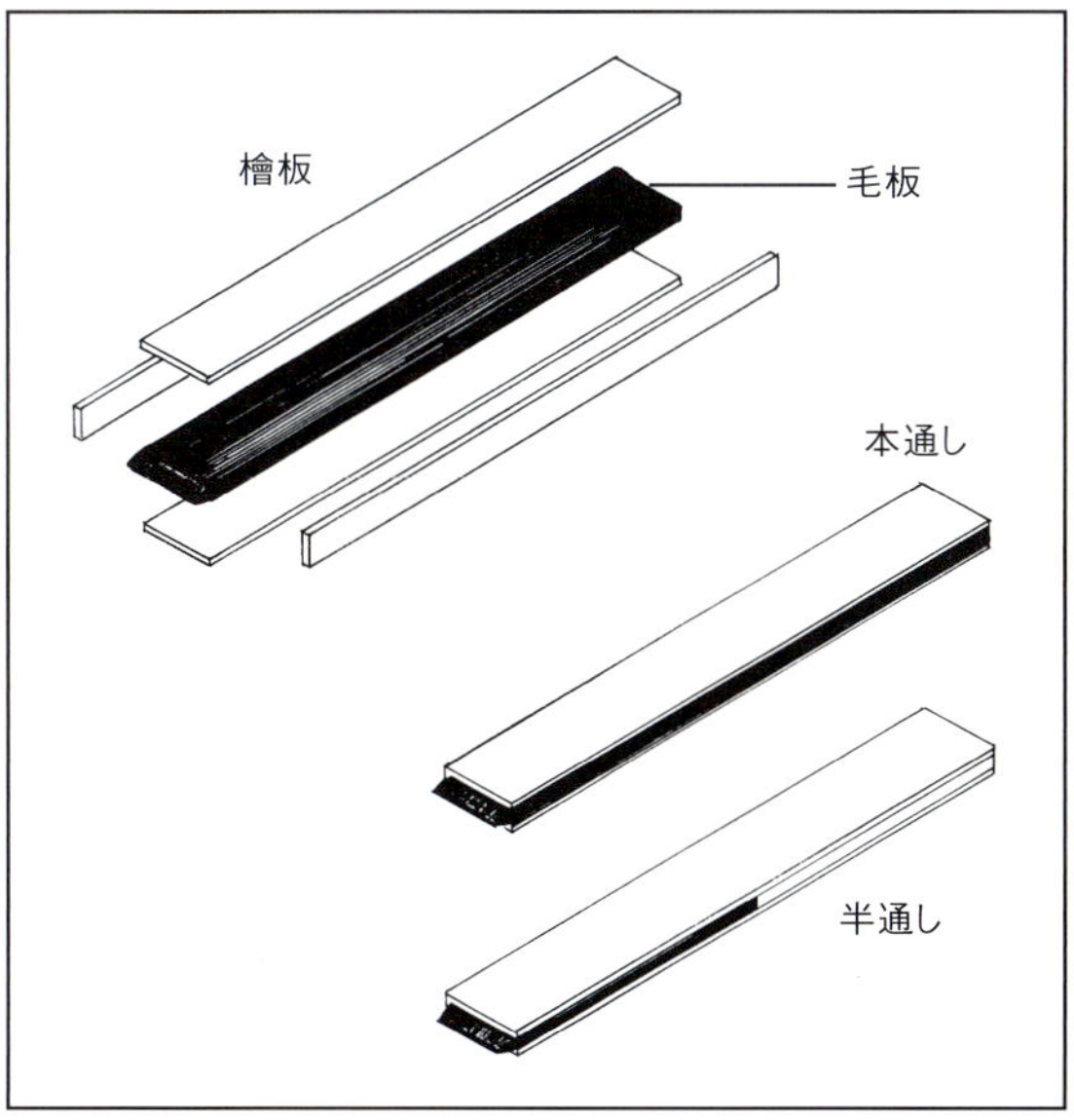

拭《ふ》き漆《うるし》

拭き漆は、木を生かした漆塗りの基本です。様々な木に塗れて、木によって色々な表情が表れます。ここでは、基本となる拭き漆の工程を説明します。木地の性質や、仕上げの目的に応じて応用し、発展させてください。

完成品

拭き漆を10回重ね、呂色磨きをしたもの。

木地調整

1 紙ヤスリでまんべんなく研いで表面を平滑にし、ゴミや油分を除去する。今回は木地が滑らかなので、４００番を使用。

2 荒い木地は１８０番、２４０番、４００番と粒子の細かいものに替えて研ぐ。挽き物は形に、四角いものは木目に沿って研ぐ。

3 研いだ後の埃を拭き取る。乾いたウエスを、湿ったウエスに押し当て、湿気を軽く含ませてから拭き、木地を濡らさず埃だけ取る。

木地固め

1 定盤・生漆・刷毛・ヘラ・ウエスを左写真のように配置する。木地は必ずウエスの上に置き、手でじかに持たないこと。

2 木地に生漆を染み込ませ、安定させる作業をする。まず、定盤に漉した生漆（35頁参照）を出し、ヘラで軽く混ぜる。

3 刷毛に生漆を含ませて、木地に漆をたっぷり吸わせるように塗る。表面に余った漆は、伸ばすか、定盤に戻す。

4

ウエスで拭き取る。塗り・拭き取りの作業は、最もきれいに仕上げたい部分を最後に回すのが基本。

5

今回は、すべて高台→外側の半分（手で持っていない方）→外側の残り半分→内側の半分→内側の残り半分の順に行う。

6

木地全体に生漆を染み込ませたら、最後にウエスのきれいな部分で全体を拭く。

7

漆風呂に入れ、8時間乾燥させる。漆風呂は内側を水拭きして十分に湿気を与え、湿らせたウエスも一緒に入れておく。

8

木地固め完成。漆風呂で、できれば2～3日乾燥させてから次の作業に入る。

空研ぎ

1

木地の表面は繊維が起きてザラザラしているので、400番の紙ヤスリでこすって平滑にする。

2

触れてみて、引っかかりがなくなったら終了。埃はウエスかティッシュペーパーで拭き取る。

目止め（下地《したじ》）

1

「ハチ錆漆」を塗り、木地を平滑にする。

【ハチ錆漆の作り方】定盤に砥粉を2サジほど置き、少しずつ水を加えてヘラで混ぜる。

2

マヨネーズほどの柔らかさ。固いと拭き取りづらくなるので注意。

3

水を混ぜた砥粉に2割ほどの米糊を加える。砥粉の1/4よりやや少なめが目安。ヘラで混ぜ、固さを見て適度に水を加える。

4

水を混ぜた砥粉＋糊に、2割ほどの生漆を加える。ヘラでよく混ぜ合わせて「ハチ錆漆」の出来上がり。

5

刷毛でハチ錆漆を塗る。繊維の目にしっかりと押し込むように。指跡がつくので、木地はウエスを当てて持つこと。

6

一呼吸置いて、ウエスで拭き取る。すぐ固まるので、手早く行う。塗り・拭き取りは、高台→外側半分ずつ→内側半分ずつ。

7

全体に塗り・拭き取りをしたら、最後にきれいなウエス2枚で、表面をしっかり磨き込む。

8

漆風呂に入れ、半日以上乾燥。

9

「目止め」の完成。砥粉が木地の目を塞ぎ、米糊が漆の染み込みを防ぐ。拭き取りと磨き込みで、木地の表面が平滑になる。

目止め（下地《したじ》）の固め

1

「木地固め」と同じ手順で、生漆をたっぷり塗って染み込ませ、木地を安定させる。

2

ウエスで拭き取る。塗り・拭き取りは、高台→外側半分ずつ→内側半分ずつの順に行う。

3

最後は、新しいティッシュペーパーで残った漆をしっかり拭き取る。漆風呂に入れ、8時間以上乾燥。

4

「目止めの固め」完成。目止めをさらに固めることで、次に塗る漆の染み込みをおさえ、均等に塗ることができるようになる。

拭《ふ》き漆《うるし》

1

本番の塗りの作業。生正味漆を綿（タンポ）で塗り、ティッシュペーパーでよく拭き取る。まず、定盤に生正味漆を適量出す。

2

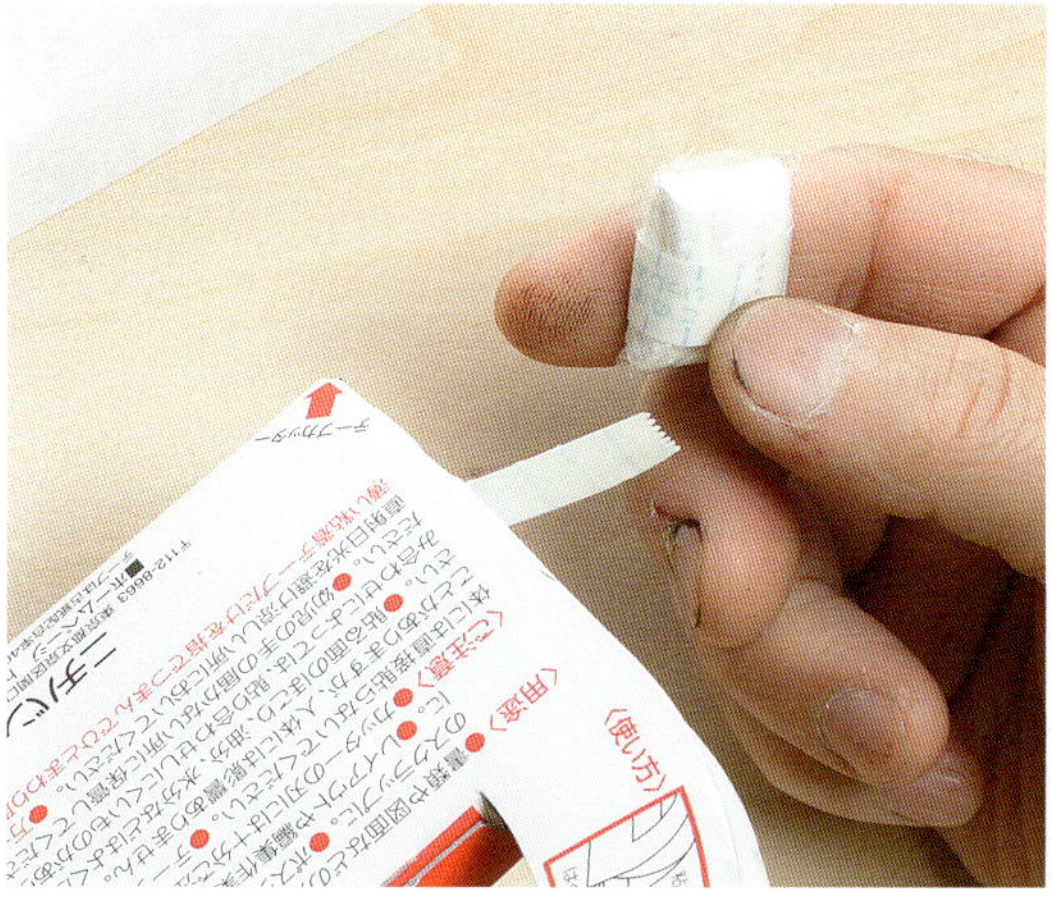

【タンポ作り】2枚セットのティッシュペーパーのはがした1枚を、約1×1.5cmに折りたたみ、サランラップで包んで芯にする。

3

芯に両面テープをつけ、正方形にカットした綿の上に斜めに置いてくるむとエッジができて、細かい部分も塗りやすい。

4

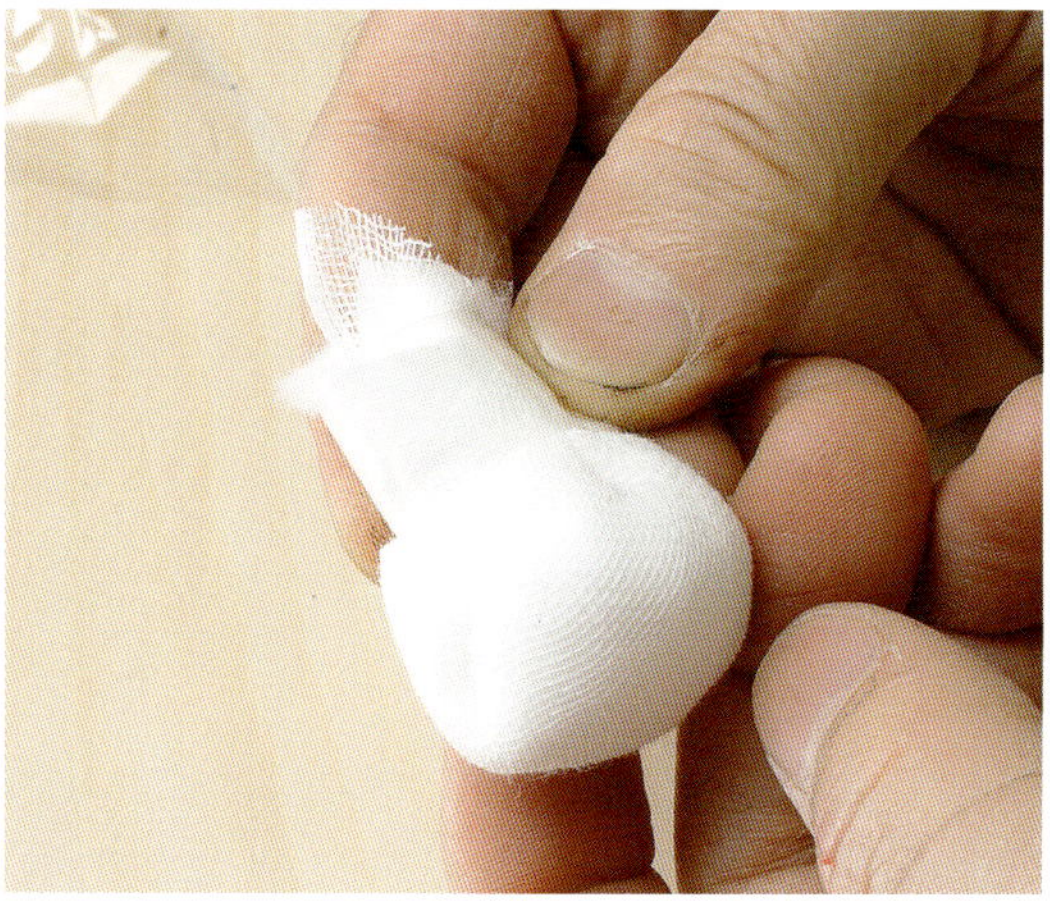

最後にガーゼで包みセロテープで止める。

5

生正味漆をヘラで軽く混ぜ合わせてから、タンポに適量含ませ、定盤の上でなじませる。タンポだと無駄なく使える。

6

生正味漆を塗る。木地は四つ折にしたティッシュペーパーで持つ。タンポの漆が減ってきたら、そのつど漆を含ませるようにする。

7

塗ったらティッシュペーパーで拭き取る。塗り・拭き取りは、高台→外側半分ずつ→内側半分ずつの順に行う。

8

最後にきれいなティッシュペーパーで全体を拭く。拭き残しがないように注意。

9

漆風呂で、8時間以上乾燥。綿を一緒に入れ、綿の漆が完全に乾いたら終了。4～7の工程を最低4～5回重ねれば、使用可。

10

拭き漆を6回重ねたもの。

11

拭き漆を10回重ねたものを呂色磨き（艶上げ）で仕上げる。

胴摺り（艶《つや》上《あ》げ）

1

胴摺り粉で研磨し、木地全体に均等な目立てを施す。定盤に胴摺粉か砥粉と、潤滑油として1.5～2倍の菜種油を出す。

2 指先を使って粒がなくなるまで練る。ゴミの侵入を防ぐため、最初は少なめに作り、足りなくなったらそのつど作る。

3 油で練った胴摺り粉を小さく切った消しゴムを芯にくるんだ2㎝ほどのカット綿につけ、木地全体を丹念に磨く。

4 全体を磨き終えたら、畳んだティッシュペーパーでよく拭く（磨き込む）。

5 スポンジを使い、ぬるま湯と食器洗い石鹸で表面に付着した油分を洗い落とす。

6 胴摺り完成。胴摺粉の粒子でこすられて全体に均等な目立てが施され、艶は少し落ちている。この上に拭き漆を3回重ねる。

7 胴摺りのち、拭き漆を3回重ねたもの。木目に漆が均等に埋まっているため、拭き漆10回のものよりも輝きが増している。

呂色《ろいろ》磨き

1 呂色磨き粉（胴摺り粉より細かい）で仕上げ磨きをする。手順は胴摺りと同じ。

2 定盤に呂色磨き粉と、1.5〜2倍程度の菜種油を出し、指先でよく練ったもので磨く。

3

油で練った呂色磨き粉を小さく切った消しゴムを芯にした、2㎝ほどの幅に裂いたカット綿につけて力を入れ、丁寧に磨きあげる。

4

全体を磨き終えたら、畳んだティッシュペーパーでよく拭く。スポンジを使い、ぬるま湯と食器洗い石鹸で油分を洗い落とす。

5

拭き漆を1回施す。十分に湿した漆風呂に8時間以上入れ、乾燥させて完成。

6

拭き漆を10回重ねたものを胴摺り、その後3回拭き漆し、呂色磨きをし、拭き漆を最後に1回重ねた。

使用後の刷毛の洗い方

1

定盤の上に菜種油を出し、刷毛の幅と長さに刷毛を左右に動かして漆を溶かし出す。

2

ヘラで根元から漆をつき出し、次にティッシュペーパーで拭く。油を替えながら、漆が出なくなるまでくり返し洗う。

3

新しい菜種油を含ませる。【保管】長く保管するときは、毛先にくせがつかないように し、防虫のため樟脳などを入れておく。

4

専門家が使う、洗い専用のトロ箱。

漆の漉《こ》し方

①漆漉《こ》し紙　後列の新吉野紙
②漆漉し器
③茶碗
④生漆《きうるし》（その時に使う漆）
⑤ヘラ　2本
⑥漆用定盤《じょうばん》

①容器に入れたままの生漆は、成分が分離した状態になっているため、成分をもう一度混ぜ合わせる。この作業を「ナヤす」ともいう。漆は新しいほど柔らかく、古くなると水分が飛んで硬くなる。古い漆には新しい漆か樟脳《しょうのう》を加えて柔らかくする。

②生漆を使う際は、使う分だけ定盤に出し、ヘラで軽く混ぜる。

③軽く混ぜた漆を、ヘラを2本使って、茶碗の上に敷いておいた漉し紙の上に移す。

④漉し紙を折りたたんで漆を包み（この時漉し紙の繊維方向の横に引っぱるようにする）、両端を軽くねじってから、漉《こ》し器にセットする。

⑤漉し紙から漆が自然にしみ出し、下に受けた茶碗に落ちる。

⑥漆の落ち方がゆっくりになったら、漉し器の右側のハンドルを回して漉し紙の両端をねじって絞る。ただし、漆はなるべく自然に落ちるに任せるほうがよい。強く絞ると、ゴミも押し出されてくる。

参考作品　拭《ふ》き漆《うるし》

上・椀　径10.7　高7cm　（材・ケヤキ）
下・箸　26～28cm　（上から材・カエデ・ヒノキ・ケヤキ）

鉢　径14　高6cm　（材・ケヤキ）

筆箱　縦20.5　横8　高4.3cm　（材・ヤクスギ）

参考作品　拭《ふ》き漆《うるし》

小引き出し（蟹）　縦23　横38　高13.7cm
（材・タモ・カエデ・サクラ）

小引き出し（蝉）　縦16.3　横15.8　高28.5cm
（材・カエデ・サクラ）

漆《うるし》工芸入門講座　第3回

木地《きじ》溜《だ》め塗りと目はじき塗り

漆工芸の基本は、「木地を生かした塗り」にあり、その塗り技法は、「透明塗り」と「不透明塗り」に分かれます。

前回は、透明塗りのうち、「拭《ふ》き漆《うるし》」と「呂色《ろいろ》磨き（艶《つや》上《あ》げ）」の技法を紹介しました。今回は、透明塗りの「木地溜め塗り」と、不透明塗りの「目はじき塗り」の技法を学びます。

「木地溜め塗り」は、木目（導管）を目止めしてから透明な漆を塗り重ね、木目を透かして見せる技法です。

「目はじき塗り」は、木目（導管）を目止めせずに色《いろ》漆《うるし》を塗り、導管の小さな穴が漆をはじくことで木目を浮き出させる技法です。

それぞれ、基本の工程となる「目止めの固め」までは前回と同じです。今回は「皿」を使って、それぞれの塗りの工程を詳しく説明します。

柴田克哉　SHIBATA Katsuya

道具と材料

①菜種油 キャノーラ油
②砥粉《とのこ》 木地の目止め材
③茶碗 漉《こ》した漆を入れる
④はかり
⑤木地呂漆《きじろうるし》 生漆を精製した透明な漆。上塗り研出用
⑥呂色漆《ろいろうるし》 上塗り研出用の、黒色の漆
⑦生漆《きうるし》 漆の原液からゴミなどを取り除いた無精製の漆
⑧朱合漆《しゅあいうるし》 木地呂漆に荏油《えごまあぶら》を混ぜた、透明で艶のある漆。顔料と混ぜ、塗立用に使用
⑨耐水ペーパー (紙ヤスリ) 1000番、1500番、2000番
⑩漆用顔料 6種(袋入り)、右上の箱入りのものは日華朱(30g)
⑪定盤《じょうばん》
⑫漆刷毛《うるしばけ》 塗り用と下地《したじ》用 **⑬ヘラ**
⑭米糊《こめのり》 上新粉と水を1:4の割合で混ぜ、30分置いた後加熱して混ぜる
その他 漆風呂《うるしぶろ》か、なければ湿気を与えた蓋つきの箱・ウエス・ティッシュペーパー・消毒用エタノール・かぶれる人はゴム手袋を用意

今回使用する木地(欅材の皿)
提供:(株)播与漆行 03-3834-1521

色漆《いろうるし》の作り方

①木地呂漆と顔料を混ぜて色漆を作る。塗り立てで艶を出したいときは朱合漆を使う。

【顔料と漆の比率】 顔料はそれぞれ比重が異なるので、漆との比重は調節が必要。基本は1:1だが、比重の軽い顔料は、硬い漆になるので、漆の比率を上げる。発色を良くする場合は顔料の量を少し増やす。

②ここでは、青色の顔料と木地呂漆を混ぜて色漆を作ってみる。まず、漆と顔料の比率を合わせるために、はかりに茶碗を乗せて、顔料を量る。青色の顔料は、5gに対して5gの木地呂漆を混ぜる。木地呂漆も、同じように量る。

③定盤の上で、粒が残らない程度に顔料と漆をヘラで混ぜ合わせる。

④空気に触れないように、2重にしたラップで包んで口をしばった状態で、3日置く。自然に放置しておくことで、粉と液体が混ざり合う。

⑤さらに発色を良くするため、3日間置いたものを、定盤の上に出し、練り棒で練る。練る時間は、最低でも数十分は必要。それをまたラップで包み、1週間置く。使用時に漉《こ》して使う。色漆は漉し紙が多いと通らないので、漉し紙を少なくして、漉す回数を増やす。

木《き》地《じ》溜《だ》め塗り

木地溜め塗りは、木を生かした漆塗りで木目が透けて見えます。下地までは拭き漆と同じ工程ですが、その後は漆刷毛を使う本格的な漆塗りです。中塗りからの塗りの手順は環境、道具、漆、塗る器物の埃を除くことが大切で、基本を大切にして工程ごとに確認をすることが重要です。

完成品

木地調整

1

木地を空研ぎペーパーで研いで表面を平滑にする。木地が荒い場合は、１８０番から２４０番へ、最後に４００番で研ぐ。

2

乾いたウエスを湿ったウエスに押し当て、湿気を軽く含ませて研いだ後の埃を拭き取る。木地は濡らさないようにする。

木地固め

1

木地に生漆を染み込ませ、安定させる。定盤・生漆・刷毛（下地用）・ヘラ・ウエスを配置。木地固めでは、生漆は漉す必要はない。

2

定盤の上に、生漆をチューブから出し、ヘラで軽く混ぜる。

3

刷毛で生漆を木地に充分吸わせるように塗る。高台から外側・内側（半分ずつ）の順に分けて塗る。木地はウエスをあてて持つ。

4

塗りの作業は、最もきれいに仕上げたい部分を最後に回すのが基本。ウエスで部分ごとに、塗ったところを拭き取る。

5

次に、外側を半分塗り、ウエスで拭き取る。続けて残りの半分を塗り、拭き取る。

6

最後に、木地の内側も同じ手順で、塗り・拭き取りを半分ずつ行う。

7

「拭き漆」など、木地を透かして見せたい場合は、この作業をこまめに分けて行うと、ムラになりにくい。

8

塗り・拭き取りの作業は、すべて高台→外側の半分ずつ→内側の半分ずつの順。最後にきれいなウエスで全体を拭き取る。

9

漆風呂に入れて、8時間～1日乾燥。木地に漆が染み込み、木地が安定し、次に塗る漆の染み込みの差をなくし、ムラを防ぐ。

空研ぎ

1

空研ぎペーパー400番で研ぎ、木地固めで硬くなった木地の表面の繊維を滑らかにする。

2

指2本を添えて、裏・表の順に木目に沿って研ぐ。手で触り、がさがさした表面が滑らかになればよい。

3

研いで出た粉を、ウエスで拭き取る。

目止め（「木《き》地《じ》溜《だ》め塗り」では2回）

1

「ハチ錆漆」を、木地の繊維の隙間に入れるように塗ってから、拭き取り・磨き込む作業。道具・材料を準備する。

2

【ハチ錆漆の作り方】定盤に砥粉を2サジほど置き、少しずつ水を加えてヘラで混ぜる。マヨネーズほどの柔らかさが目安。

3

水を加えた砥粉に、2割ほどの米糊を加える。砥粉の1/4よりやや少なめが目安。ヘラでよく混ぜ、固さを見て水を加える。

4

3に、2割ほどの生漆を加える。ヘラでよく混ぜ合わせて、出来上がり。

5

刷毛で「ハチ錆漆」を塗る。まず高台から、繊維の目にしっかりと押し込むように。指跡がつくので、木地はウエスを当てて持つ。

6

一呼吸置いて、ウエスで拭き取る。「ハチ錆漆」はすぐ固まるので手早く行う。塗って拭き取る作業は、名刺大の広さごとに。

7

★塗り・拭き取りの作業は、すべて高台→外側の半分ずつ→内側の半分ずつの順に行う。

8

最後にきれいなウエス2枚で、ハチ錆漆をしっかり磨き込むように拭く。表面が平滑になり、塗りを均等にする。

9

漆風呂に入れ、半日以上乾燥させて、「目止め」の完成。

目止めの固め

1

目止め後の木地は、まだ漆がかなり染み込むので、次に漆が均一に塗れるようにするため、生漆を塗り、目止めの固めを行う。

2

定盤の上に生漆を出し、ヘラでよく練る。

3

「木地固め」と同じ手順で、生漆をたっぷり塗って染み込ませ、木地を安定させる。

4

ウエスでよく拭き取る。
★塗り・拭き取りは、高台→外側半分ずつ→内側半分ずつの順に行う。

5

塗り・拭き取りを終えたら、最後にきれいなウエスかティッシュペーパーで全体をしっかり拭き、漆風呂に入れて8時間以上乾燥。

拭《ふ》き漆《うるし》

1

木地を四つ折にしたティッシュで持ち、拭き取りもティッシュを使う。拭き漆を3回繰り返す。生正味漆・綿（タンポ）を準備。

2

定盤に生正味漆を適量出す。ゴミがあるようなら漉して使うこと。

3

ヘラで軽く混ぜ合わせてから、タンポに適量含ませ、定盤の上でなじませる。高価な生正味漆は、タンポだと無駄なく使える。

4

生正味漆を塗る。漆は含ませ過ぎないように注意。タンポに含んでいる漆が減ってきたら、そのつど、漆を含ませるようにする。

5

塗った後に、ティッシュペーパーで拭き取る。
★塗り・拭き取りは、高台→外側半分ずつ→内側半分ずつの順に行う。

6

最後にきれいなティッシュペーパーで全体を拭く。漆風呂に入れ、8時間以上乾燥。この工程を3回繰り返す。

7

拭き漆を3回重ねたもの。次に、いよいよ木地溜め塗り・目はじき塗りの工程に入る。

中塗り

1

【準備】塗りには、埃に細心の注意。ヘラは漆を配るものとそれ以外の作業、刷毛は実際の塗りと掃除用の各2本以上用意。

2

「持ち手」を木地に貼り付けて持つ。【作り方】手頃な木片にガムテープを巻きつけ、木地に接する部分に両面テープを貼る。

3

プラスチックヘラは耐水ペーパー1000番で、先を平らに研ぐ。木のヘラは仕上げ砥石で研ぐ。

4

塗る木地に手脂が残っていると、漆が乾かなくなるので、アルコール（エタノール）で拭いて脱脂する。

5

【漆を漉す】定盤の上に木地呂漆を出し、ヘラでよく混ぜてから、茶碗の上に広げておいた漉し紙の上に移す。

6

漉し紙を二つに折って漆を包み、さらに細く畳んで両端を軽くねじり、漉し器にセットする。

7

漉し紙から自然に滲み出してくる漆を、下の茶碗に受ける。

8

【刷毛洗い】刷毛は菜種油で洗って保管してあるので、使用する刷毛はすべて、漆で洗う。

9

刷毛に、漉した漆を多めに含ませ、定盤の上で刷毛の幅・長さに、刷毛を前後10回程動かし、刷毛先の中のゴミを出す。

10

次に、ヘラの先を刷毛先に押し当てて、刷毛先から漆を「突き出す」。こうすると、刷毛先から漆とともにゴミが出てくる。

11

つき出した漆をヘラで定盤に延ばして、ゴミが完全になくなるまで、9〜11の作業を繰り返す。汚れた漆は、さらに漉して使う。

12

最後に、刷毛を定盤にこすりつけて漆を出しきる。

13

【掃除刷毛】使用する刷毛を洗ったら掃除用の刷毛で木地全体を帚で掃くようになで、埃を取る。これで、埃が刷毛先に移る。

塗り

1

【漆を配る】塗る面に、漉した木地呂漆を「配る」。木製のヘラで木地呂漆を必要な量だけ取り、木地の上に載せて伸ばす。

2

木地呂漆を木ベラですくって、まず高台、次に裏面全体に、できるだけ均一に延ばす。ヘラは刷毛に比べてゴミが混ざりにくい。

3

【漆を平均にし刷毛を通す】刷毛で厚みを均一にし、刷毛目を通す。刷毛は木目の方向に塗り面の端から端まで、全体に通す。

4

同じ手順で、今度は木目に垂直に通す。この作業を5~7回繰り返す。最後に木目の方向に刷毛目を通しならす。

5

縁は、刷毛を1周半通す。始めの部分は刷毛跡が目立つので、刷毛をかぶせる。最後に、縁に沿って刷毛先で整え、中塗り終了。

6

【乾燥】塗り終えたらすぐに、充分に湿した漆風呂に半日以上入れ、乾燥。★乾燥後、内側も、1~6と同じ手順で中塗り。

中塗りの研ぎ

1 中塗りが終わった木地を、耐水ペーパー1500番か2000番で軽く水研ぎをし、塗面の埃の跡を消す。

2 耐水ペーパーは8等分に切り、さらに6等分して使用。水につけながら丁寧に研ぐ。研ぐ部分だけ濡らすこと。

3 ある程度研いだらティッシュペーパーで拭き取り、研いだ状態を確認。

4 ティッシュは丸めずに、四つに畳んで使う。小さな斑点は埃なので、埃の跡が消えるまで、外側・内側全体を満遍なく研ぐ。

木《き》地《じ》溜《だ》め塗り　上塗り

1 中塗りと同様に、外側・内側の順に塗りと乾燥。手順も同じで、準備→漆を漉す→刷毛洗い→掃除刷毛をして次に漆を配る。

2 刷毛目を通して、漆を平均化する。全体は木目の方向に刷毛目を通す。

3 縁を一周半塗る。刷毛はほとんど動かさず、木地を反時計回りに動かす感覚で。

4 塗り終えたらすぐ、充分に湿した漆風呂に半日以上入れ、乾燥させる。

目はじき塗り　上塗り

目はじき塗りは、木地溜め塗りと工程は同じですが、塗る漆が不透明の漆で、黒漆や別項で説明の朱、色漆です。不透明でも木目の導管の部分の漆はへこみ、木目が表れる塗りです。色は黒や朱が伝統的ですが、様々な色にも塗れます。

完成品

1

目はじき塗りは、木地は木地溜め塗りと同じで、工程も木地調整も同じ。

2

木地固めも同じく行う。

3

空研ぎ、目止めも同じに行う。

4

目止め固めの後、拭き漆を3回繰り返えす。

5

中塗り・研ぎ・上塗りの工程、塗りの手順は木地溜め塗りと同じ。塗りの準備をして、木地の手脂などをアルコールで拭き取る。

6

色漆（朱漆）を漉す。

7

漉した漆で刷毛を洗い、掃除刷毛で木地の埃を取る。その後、ヘラで漆を配る。

8

刷毛で漆を全体に伸ばし、同じ厚みに平均化する。

9

始めは木目と同じ方向に伸ばす。

10

木目と垂直方向に伸ばす。漆を刷毛で、木目方向と垂直方向に交互に5～7回伸ばし平均化する。

11

全体は木目に沿って刷毛目を通す。この時は、刷毛先で優しく刷毛目が立たないようにする。

12

最後に縁に沿って刷毛を1周半通す。十分に湿した漆風呂に8時間以上入れて乾燥させる。

余った漆の保存法

漆の保存は、漆が空気に触れないようにすれば数カ月間はもつ。保存は、漆がある程度多い場合は、茶碗に入れサランラップを二重にして空気を入れないようにフタをする（写真左）。少ないときは、ラップを二重にしたものに包んで口をねじり輪ゴムで止める（写真右）。塗りのとき、木地《きじ》呂漆《ろうるし》や呂色漆《ろいろうるし》は茶碗に漉《こ》して入れたものは、ラップでフタをして3～4日は漉《こ》した漆としてそのまま塗りに使える。使用した漆は別にしてラップに包んで保存し、後でまとめて漉して使う。色漆《いろうるし》は時間が経つと顔料が沈んで漆と顔料の比率が片寄り、色味が変わるので、使う度に漉して塗りに使う。

参考作品　木地《きじ》溜《だ》め塗り

八角盆　径25　高2.3cm　（材・クリ）

弁当箱　縦8　横18　高10cm　（材・タモ）

参考作品　木《き》地《じ》溜《だ》め塗り・目はじき塗り

豆皿（内底に金箔）　径7　高3cm　（材・タケ）

丸皿（目はじき塗り・黒）　径12　高2cm　（材・ケヤキ）

漆《うるし》工芸入門講座　第4回

漆《うるし》絵《え》と蒔《まき》絵《え》

前回までは、漆工芸の基本となる「塗り」の技法を学んできましたが、今回からはその上に加える少し高度な装飾の技法である「加飾《かしょく》」について紹介します。

漆工芸の加飾技法には、「漆《うるし》絵《え》」「蒔《まき》絵《え》」「螺鈿《らでん》」「箔《はく》絵《え》」など様々な技法があります。特に、金や銀の粉を使った華やかな「蒔絵」はご存じの方も多いでしょう。

今回は、漆を絵の具として用いる「漆絵」技法と、多彩な「蒔絵」技法の中から、基本となる「平蒔《ひらまき》絵《え》」を学びます。

絵は苦手で自分には描けないという方も、文様集などから図案をコピーして使ってもけっこうです。まずは絵筆をとって挑戦してみましょう。

柴田克哉　SHIBATA Katsuya

道具と材料

●漆絵《うるしえ》の道具と材料

①チューブ入り色漆《いろうるし》（50g）各種と色見本

②顔料（白）

③木地《きじ》呂《ろ》漆《うるし》 市販のチューブ入り色漆ではなく、自分で色漆を作る場合は、顔料と木地呂漆を混ぜて作る。（※色漆《いろうるし》の作り方は第3回41頁参照）

④溜刷毛《だみばけ》 蒔絵《まきえ》用刷毛。広い面積を塗るときに使う。

⑤蒔絵《まきえ》筆（黄軸・黒軸） 蒔絵の線描き用の柔らかく繊細な筆。鼠の毛が最良とされる。軸部分は外すことができ、毛先を絵柄に応じて使いやすい長さに調節できる。用途に応じて種類を使い分ける。

⑥油絵用丸筆 広い面積を塗るのに使いやすい。

⑦スポンジ 型紙を使用した漆絵《うるしえ》に用いる。

⑧チャコペーパー チョークが付着するタイプの裁縫用転写紙。カーボン紙は油分を含むので不可。

⑨絵皿

⑩日本画用面相筆

⑪木地（欅材） 拭《ふ》き漆《うるし》・目はじき塗りを施したもの（第2回、第3回完成品）

●蒔絵《まきえ》の道具と材料

※定盤《じょうばん》の上にあるものは、漆絵《うるしえ》道具と共通。

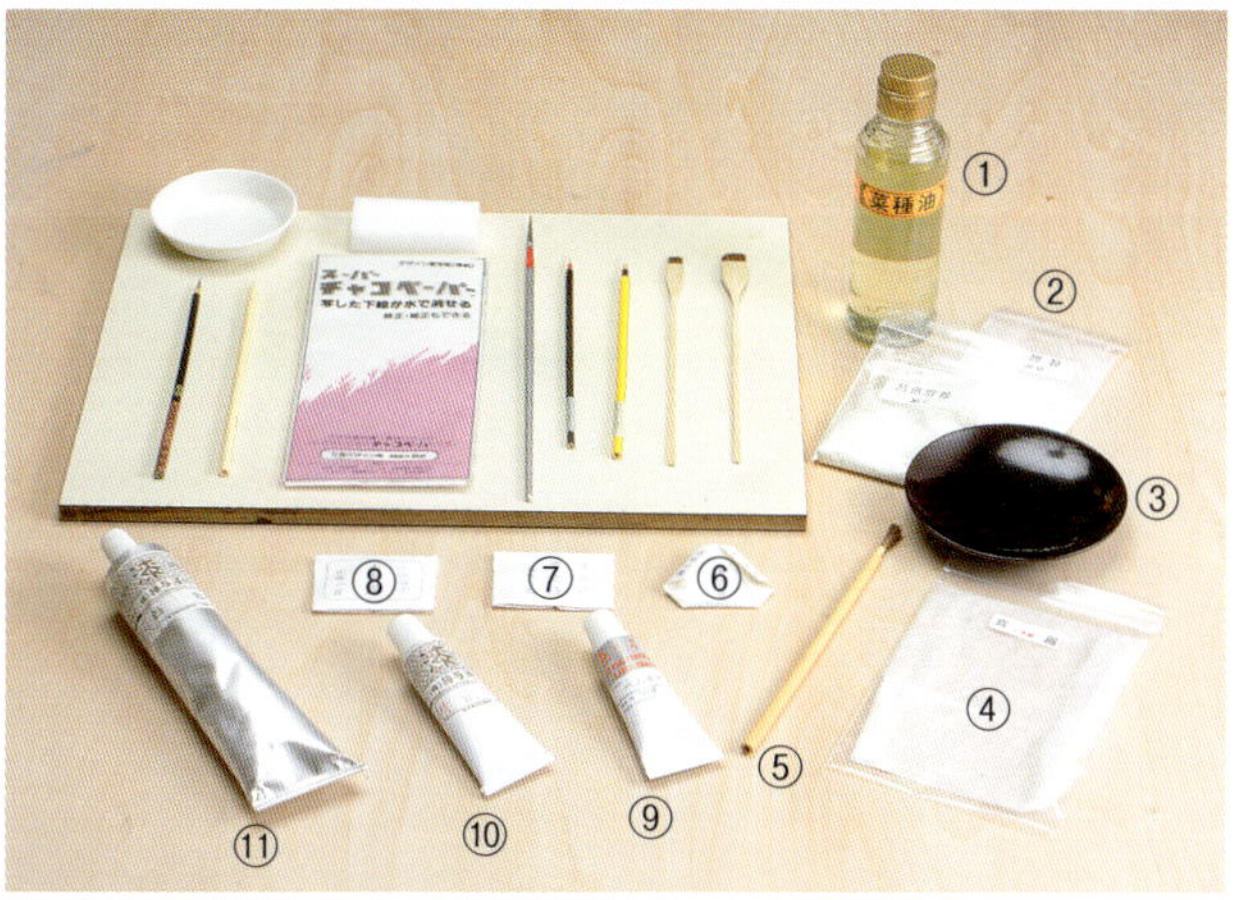

①菜種油（キャノーラ油）

②胴摺り粉・呂色《ろいろ》磨き粉

③木地 木地《きじ》溜《だ》め塗りを施したもの（第3回完成品）

④真綿 金銀粉を蒔くときに用いる。

⑤あしらい毛棒 金銀粉を蒔いたり、払ったりするときに用いる。

⑥銀粉（延《の》べ粉）

⑦金粉（十八金の平極粉《ひらごくふん》） **⑧金粉（純金の平極粉）**

※金粉や銀粉は、産地や店によって名称が異なるが、号数は統一されている。

⑨弁柄漆《べんがらうるし》 蒔絵技法で、主に金粉の地描き（絵柄部分）を描く漆を「絵漆」といい、生正味漆《きじょうみうるし》を精製したものと弁柄を混ぜて作る。今回はチューブ入りの色漆を用いる。

⑩生正味《きじょうみ》漆《うるし》 仕上げの拭き漆や「呂《ろ》瀬《せ》漆《うるし》」を作るのに使う。

⑪呂《ろ》色《いろ》漆《うるし》 蒔絵技法で、主に銀粉の地描きを描く漆を「呂瀬漆」といい、生正味漆と呂色漆を混ぜて作る。

その他　漆絵《うるしえ》・蒔絵《まきえ》共通 薄美濃紙・漆風呂《うるしぶろ》用の箱・片脳油《へんのうゆ》（樟脳《しょうのう》から採取した油。色漆を柔らかくする場合に少量混ぜる）・ヘラ・脱脂綿・消しゴム（芯材として）・ティッシュペーパー・ウエス・石鹸・エタノール・手袋

道具・材料提供：㈱播与漆行　☎03・3834・1521

●蒔絵《まきえ》筆の洗い方

刷毛の場合、使用後は菜種油で漆を溶かしてから、ヘラで細かなゴミの「突き出し」をするが（第2回参照）、蒔絵筆は毛先が繊細なので、ヘラの代わりに、指先で洗い（写真①）、最後に軸を外して中まで染み込んだ漆も洗い落とす（写真②）。

漆絵《うるしえ》

漆絵は、色漆を絵の具として使い、絵柄や文様を描いて装飾を施す、シンプルな加飾技法です。

今回は、①拭き漆を施した木地に筆で絵柄を描く方法と、②目はじき塗りを施した木地に、型紙とスポンジを使って漆を捺し付ける方法をご紹介します。

全体に艶を出し、絵柄部分を丈夫にするために、最後に拭き漆を3回繰り返して仕上げます。

漆絵《うるしえ》①

木地：欅材に拭き漆（前回完成品）
色漆：白・黒
仕上げ：拭き漆3回
乾燥条件と時間：温度20℃／湿度80％／8時間以上

1 下絵は、紙に、コンパスで木地と同じサイズの円を描き、絵柄の位置を考えながら描く。

2 下絵の転写は、薄美濃紙を使う。曲面にフィットするよう、なるべく柔らかい紙にトレースする。

3 トレースした薄美濃紙を、転写したい部分に合わせてマスキングテープで固定。

4 下絵に合わせてカットしたチャコペーパーを挟み、絵柄部分をなぞって木地に転写する。

5 下絵が転写されたところ。

6 猫の白い部分を塗る。チューブから白の色漆を絵皿に出し、油彩用の筆になじませる。

7

漆は薄く塗るのが基本だが、絵柄に合わせて筆跡を残すなど、変化を出してもよい。

8

漆風呂で8時間以上乾燥。1色ごとに乾燥させるが、絵柄が接していなければ同時に2色以上塗ってもよい。

9

次に、猫の輪郭線とブチの部分を塗る。まず黒の色漆を絵皿に出して、筆によくなじませる。

10

蒔絵筆を使って黒の部分を描画。漆は一度乾くと、下の色と混ざることはない。塗り終えたら、漆風呂で8時間以上乾燥。

11

最後に拭き漆を3回施して仕上げ。まず、エタノールを含ませたティッシュペーパーで油分を拭き取る。

12

定盤に生正味漆を出し、ヘラで軽く混ぜる。

13

綿(タンポ、第2回参照)に生正味漆を含ませ、木地全体に塗る(裏面→表面の順に塗って拭き取る)。

14

ティッシュペーパーで漆がつかなくなるまでよく拭く。漆風呂で8時間以上乾燥。

漆《うるし》絵《え》②

木地：欅材に目はじき塗り（前回完成品）
色漆：赤
仕上げ：拭き漆3回
乾燥条件と時間：温度20℃／湿度80％／8時間以上

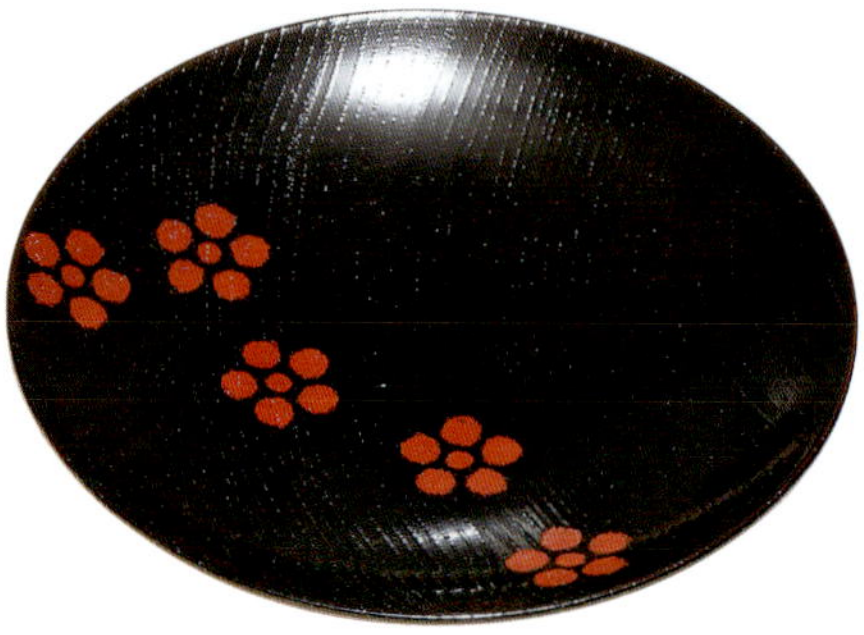

1 型紙は、文様集から梅の花の図案を選び、画用紙を切り抜いて作る。円は製図用円定規を使うと便利。

2 彩色中に漆が染み込まないように、型紙の裏側にセロテープを貼っておく。

3 デザインカッターで切り抜いて、型紙の完成。

4 コンパスで木地と同じサイズの円を描き、スタンプする図案の配置を考える。

5 定盤に赤の色漆を出し、ヘラでよく練ってから、小さく切ったスポンジに染み込ませる。

6 木地に型紙のセロテープを貼った方を上にして当て、スポンジで漆を捺し付ける。

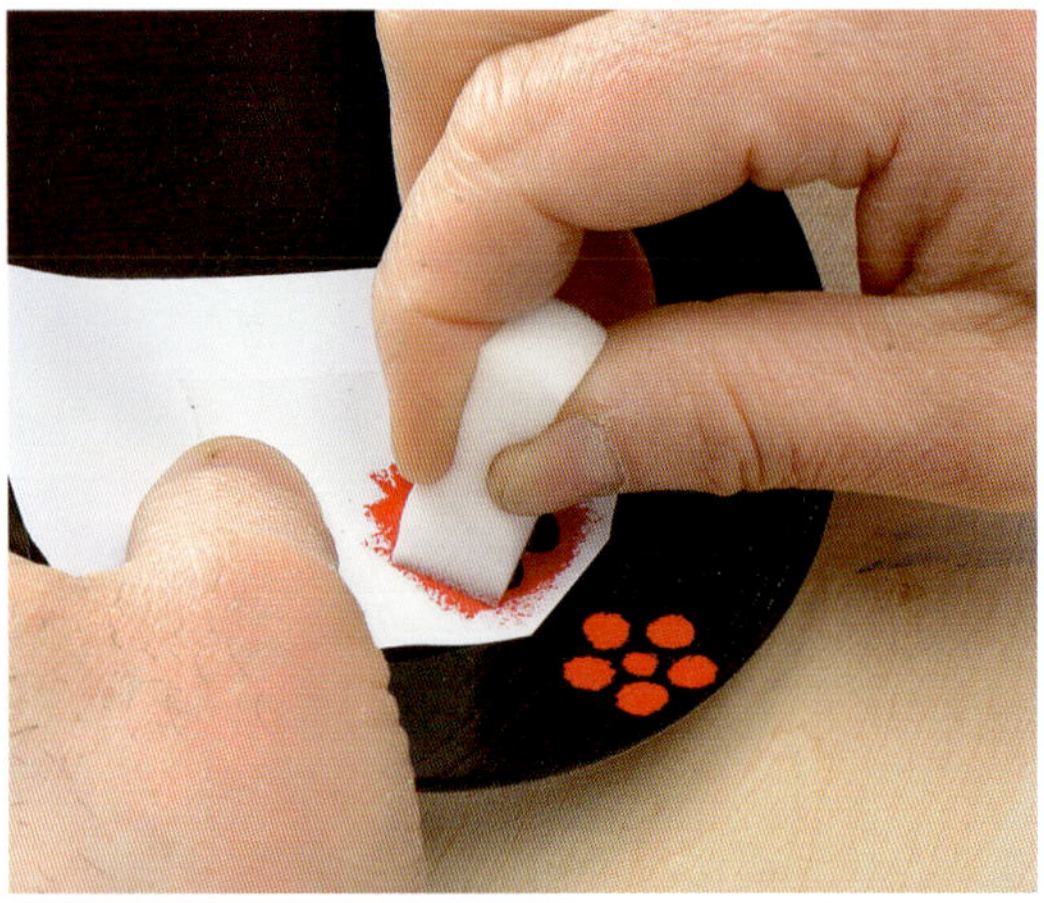

7 漆風呂で8時間以上乾燥（手前の型紙などは目安）。最後に拭き漆で仕上げる（※57頁手順11〜14参照）。

平蒔絵《ひらまきえ》

平蒔絵は、粒の大きさごとにふるい分けた、丸粉と呼ばれる金粉、銀粉を使うのが特徴です。漆で絵柄を描き、乾かないうちに金粉、銀粉を蒔いて付着させ、乾かしてから磨いて仕上げます。この大きさは、最小の粒子を「消粉《けしふん》」、二番目を「平極粉《ひらごくふん》」（銀は「延べ粉」）、そして1号、2号という順に粒子が粗くなっていき、使用する金粉によって、「消粉蒔絵《けしふんまきえ》」「平極蒔絵《ひらごくまきえ》」ともいわれます。今回は、平極粉を使い、胴摺りと呂色磨きで仕上げる平蒔絵技法をご紹介します。

木地：欅材に木地溜塗り（前回完成品）
粉：金粉（平極粉）・銀粉（延べ粉）
艶上げ：胴摺り・拭き漆3回・呂色磨き・拭き漆1回
乾燥条件と時間：温度20℃／湿度80％／8時間以上

1
下絵は、紙に、コンパスで木地と同じサイズの円を描き、絵柄の位置を考えながら描く。

2
「漆絵」と同じ要領で、木地に絵柄を転写。太陽の部分に金粉、地平線とわらびの部分に銀粉を用いる。

3
金粉を蒔く部分は、「地描き」と言い、金の発色を高めるために赤の色漆（絵漆）を塗る。絵皿に弁柄の色漆を出し、なじませる。

4
輪郭を蒔絵筆で描き、その中を溜刷毛で塗る。漆の塗りが厚いと金粉が沈んでしまうので、薄く均等に塗る。

5
漆風呂に20～30分ほど入れ、塗った漆の表面の艶が少し無くなったころに粉蒔きをする。

6
粉蒔きは、あとで粉を集めやすいように、四隅を折り曲げた紙の上で作業をする。

7
真綿をやや大きめの綿棒くらいに丸め、金粉をたっぷり含ませる。

8
地描きした部分に、そっとはたき落すように金粉を蒔き付ける。金粉と銀粉の部分がある場合は、金粉の部分を先に蒔く。

9
地描きからはみ出た金粉をあしらい毛棒で掃き寄せて絵柄にかぶせる。毛先が漆にじかに触れないよう注意。

10
余分に蒔いた粉はそのままで、漆風呂で8時間以上乾燥（乾燥後、余分な粉は毛棒ではらい集める）。

11
銀粉を蒔く部分は、銀色の発色を高めるために黒の漆で地描きする。生正味漆と呂瀬漆を混ぜ合わせて「呂瀬漆」を作る。

12
水平線部分、わらびの新芽部分に、蒔絵筆を使って「呂瀬漆」を塗る。

13
金粉と同じ要領で、銀粉の「粉蒔き」をしたところ。このまま漆風呂で8時間以上乾燥。

14
乾いたら、生正味漆を塗って粉を固める「粉固め」の準備。生正味漆と片脳油を1：1の割合で混ぜる。

15

蒔絵筆で、蒔絵部分に漆を塗る。

16

ティッシュペーパーで押さえて余分な漆を吸い取る。漆風呂で8時間以上乾燥。

艶《つや》上《あ》げ

蒔絵では、粉固めをしてしっかり乾燥させたら、最後に「艶上げ」をして完成となる。

手順は、

①「胴摺り」（蒔絵部分）
②石鹸とぬるま湯で洗う
③「拭き漆」3回（木地全体）
④「呂色磨き」（木地全体）
　再び石鹸とぬるま湯で洗う
⑤「拭き漆」1回（木地全体）

胴摺り・呂色磨きの詳しい工程は、第2回の「拭き漆」を参照してください。

1

胴摺り粉を1.5〜2倍の菜種油とよく混ぜ、消しゴムを芯にした脱脂綿に含ませて、蒔絵部分を磨く。

2

胴摺り後、胴摺り粉と菜種油を石鹸とぬるま湯で洗い落とす。

3

よく拭いてから、拭き漆を行い、乾燥。その後、拭き漆と乾燥を2回行う（※工程は「漆絵」57頁11〜14を参照）。

4

呂色磨き粉を1.5〜2倍の菜種油とよく混ぜ、工程1と同じ要領で全体を磨く。磨いたら工程2のように洗う。

5

よく拭いてから、拭き漆と乾燥を1回行って完成。

参考作品　漆《うるし》絵《え》

丸皿　径13.6　高2.2cm　（材・ケヤキ）

椀　径12　高7.4cm　（材・ケヤキ）

参考作品　蒔絵《まきえ》

合子　径20　高13cm　(材・ミズメザクラ)

合子(羽根右・平蒔絵、左・螺鈿)　径9　高2.2cm　(材・ケヤキ)

漆《うるし》工芸入門講座　第5回

箔《はく》絵《え》と螺《ら》鈿《でん》・卵《らん》殻《かく》

柴田克哉　SHIBATA Katsuya

漆工芸を華やかに彩る加飾《かしょく》の技法、「漆絵《うるしえ》」「蒔絵《まきえ》」に続き、今回は、漆を塗った上に金属箔を貼る「箔絵」、貝殻の真珠層部分を貼りつけて研ぎ出す「螺鈿」、さらに貝と同じく、卵の殻を利用する「卵殻」の技法を紹介します。

どれもたいへん高度な技術のように思えますが、これまで本講座で学んだ漆の技術があれば、じゅうぶんにマスターすることができます。

今回は、第3回で仕上げた拭《ふ》き漆《うるし》の盃に、金箔を使った「桜散らし文」、そして細かく切った貝と、砕いた卵の殻で、天の川をイメージした「銀河」を表現します。

道具と材料

●箔絵《はくえ》の道具と材料

①定盤《じょうばん》　②純金箔（平物用）

③真綿　絹の綿。繊維が1本なので、木綿の綿と違って糸くずが出ない。

④生正味漆《きじょうみうるし》　⑤カット綿　⑥ガーゼ

⑦箔箸《はくばし》　箔をつかむための箸。

⑧菜種油（キャノーラ油）

⑨チャコペーパー　チョークが付着するタイプの裁縫用複写紙。カーボン紙は油分を含むので不可。

⑩漆用顔料（白）

⑪アラビアゴム　水溶性の樹脂液。塗布して乾燥させると親水性（水になじみやすい性質）になって、漆が染み込まない。アラビックヤマトで代用可。

⑫アラビックヤマト　親水性が強く、温水に溶ける糊。ポリビニルアルコール（PVA）を含む。

⑬日本画用面相筆　⑭マスキングテープ

⑮ビニールテープ　⑯マスキングシート　⑰金定規

⑱ハサミ　⑲カッターナイフ　⑳デザインカッター

㉑シッカロール　手や道具の油分を取る。

その他　絵皿・灯油

●螺鈿《らでん》・卵殻《らんかく》の道具

①定盤　②金定規　③デザインカッター

④アワビ貝　⑤白蝶貝　⑥竹串　⑦竹ベラ

⑧溜刷毛《だみばけ》漆用刷毛　広い面積を塗るときに使う。

⑨日本画用面相筆

⑩油絵用丸筆　広い面積を塗るのに使いやすい。

⑪生正味漆　⑫呂色漆《ろいろうるし》　⑬ピンセット　⑭ハサミ

⑮精密ピンセット　⑯うずらの卵

⑰穀物酢　うずらの卵の脱色に使用。

⑱片脳油《へんのうゆ》　樟脳《しょうのう》から採取した油。

⑲菜種油　⑳胴摺り粉　㉑呂色《ろいろ》磨き粉

㉒クリスタル砥石《といし》（1000番）　金ノコで使いやすい幅に薄くカットして使用する。

㉓マスキングシート　㉔チャコペーパー

㉕ビニールテープ　㉖マスキングテープ

その他　墨汁（卵の殻の内側に塗る）・筆

その他　箔絵《はくえ》・螺鈿《らでん》共通　漆風呂《うるしぶろ》用の箱・消しゴム（芯材として）・ティッシュペーパー・ウエス・石鹸・スポンジ

木地（欅材）拭《ふ》き漆《うるし》を施したもの（第2回完成品）

道具・材料提供：㈱播与漆行　☎03・3834・1521

●卵殻の準備（うずらの卵殻の脱色）

卵殻には鶏卵も用いられるが、小さな作品の場合は、殻の厚みが薄いうずらの卵を使う。卵の表面のまだら模様は、酢を1～2割混ぜた水にしばらく漬けてこすり落とす（写真①）。酢が残っていると腐蝕してしまうので、必ずよく水洗いをする。次に、はさみで殻を縦に切って中身を出し、殻の内側の膜をピンセットで剥がし取ってから（写真②）、よく洗って乾かす。

①

②

箔《はく》絵《え》

箔絵は、生正味漆を接着剤として用い、金箔や銀箔などの金属箔を貼る、シンプルな加飾技法です。漆で描いた絵柄部分に箔を貼る方法と、絵柄を剥離剤で描いた上に箔を貼って拭き漆を施し、後から温水で洗って剥離剤を溶かし、絵柄部分の箔を抜く方法とがあります。今回は後者の方法で、第2回完成品の盃に、金箔を使った「桜散らし文」の箔絵を施します。

箔絵完成品

木地：欅材に拭き漆（第2回完成品）
箔：金箔
仕上げ：拭き漆1回
乾燥条件と時間：温度20℃／湿度80％／8時間以上

1 用紙を木地の側面に巻き付け、印をつけてカットし、木地の側面にフィットする扇形の型を作る。そこに、実物大の下絵を描く。

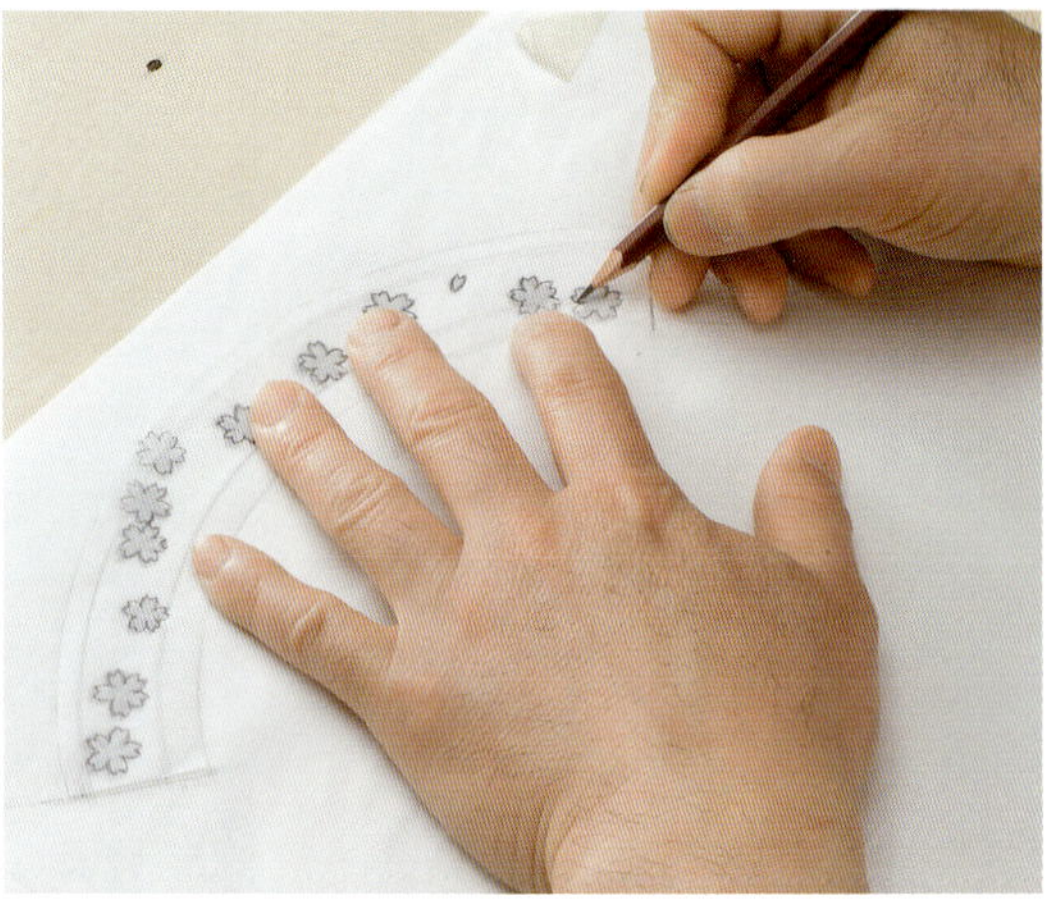

2 下絵をトレーシングペーパーにトレースする。

3 箔を貼らない部分をビニールテープでマスキングする。ビニールテープは伸縮性があるので、木地のカーブにフィットする。

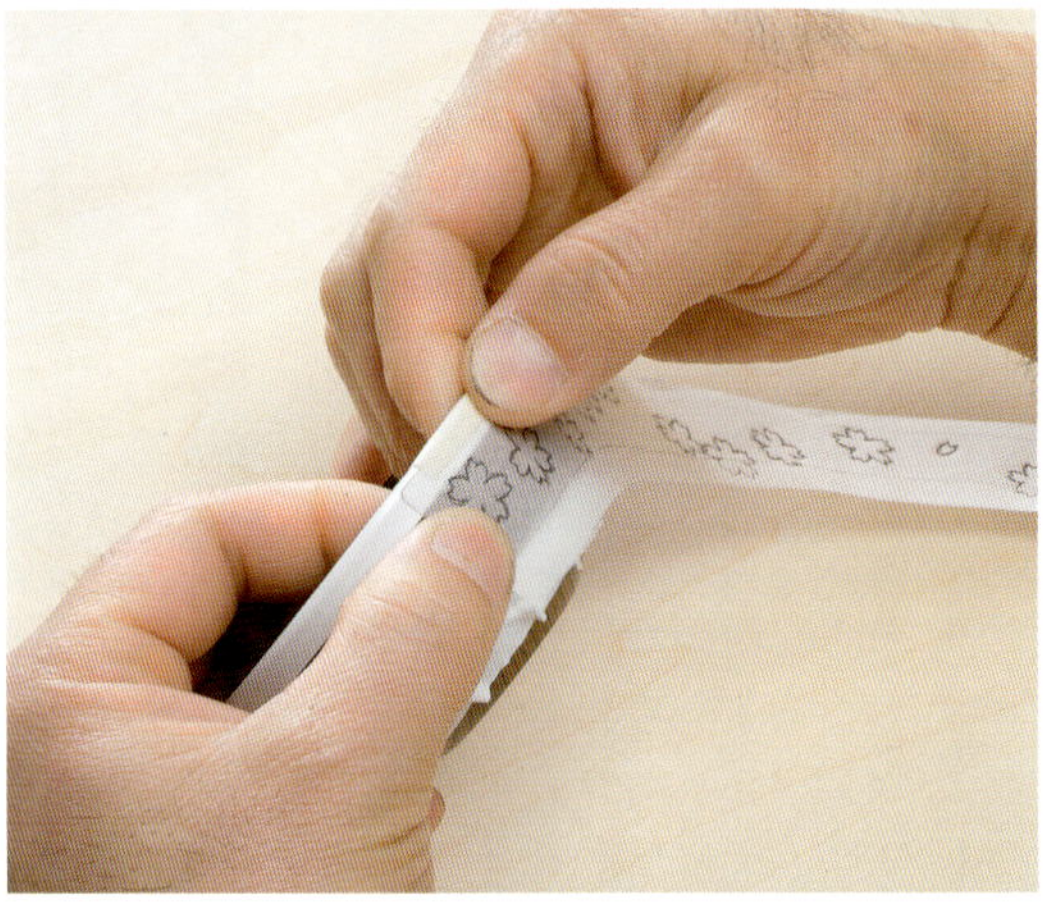

4 トレースしたトレーシングペーパーの上辺部分を、転写したい部分に合わせてマスキングテープで固定する。

5 トレーシングペーパーの下にチャコペーパーを差し込み、絵柄部分をなぞって木地に転写する。

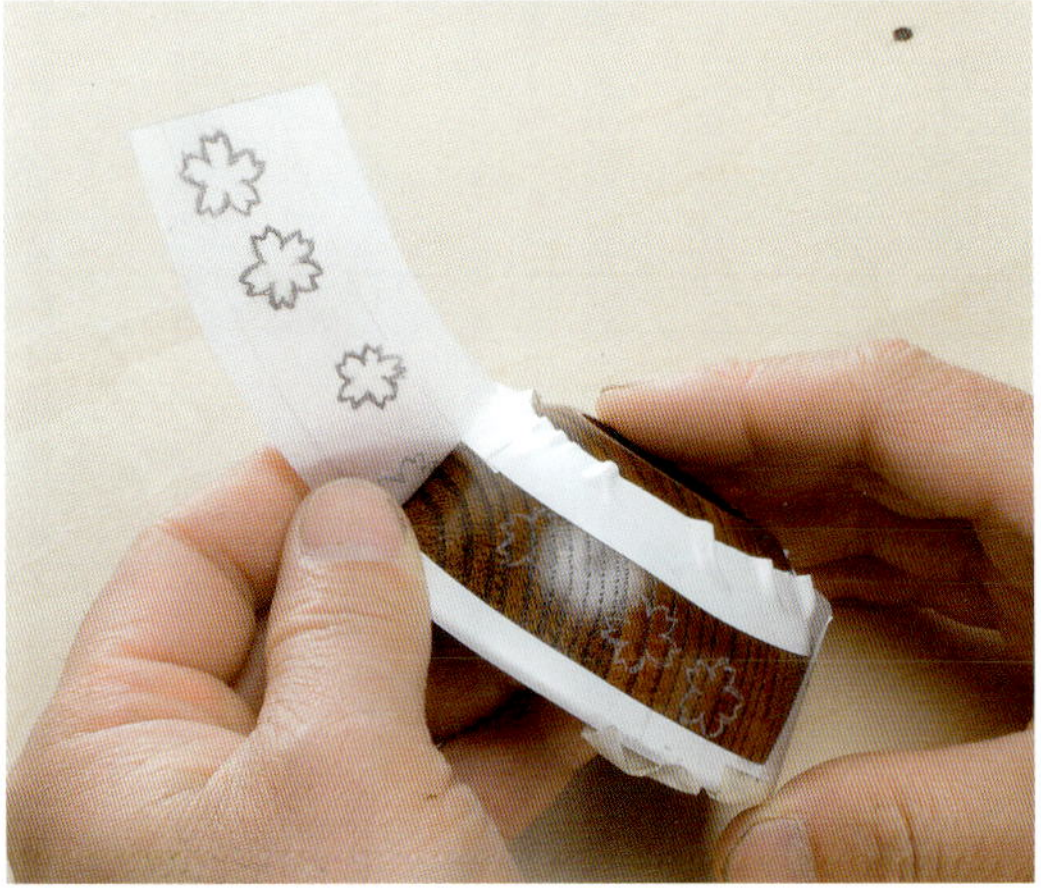

6 桜文の輪郭線が転写されたところ。

7

箔を抜きたい部分に剥離剤を塗る。絵皿にアラビックヤマトを出し、漆用顔料をほんの色づけ程度に加え、指で混ぜ合わせる。

8

毛先を水で湿らせた面相筆で、文様部分に7の剥離剤を塗る。地が見えなくなる程度。

箔あかし

「あかす」とは、〝仮貼り〟をさす言葉。箔は1枚ずつ、手漉き和紙の切紙（間紙）に挟まれています。箔はたいへん薄いため、箔だけでは作品に貼る作業をすることができません。そこで、箔の作業は、切紙に箔を仮貼り（箔あかし）をした状態で扱います。

9

ガーゼに菜種油を少し染み込ませて絵皿に敷き、丸めた綿を押し当てて油分を付ける。漆刷毛を使ってもよい。

10

綿で切紙を軽く拭くようにして油を塗る。切紙の色が変わるまで塗らないように注意。わずかに油分をすり付ける程度。

11

箔がくっつかないよう、箔箸と手にシッカロールを塗っておく。

12

箔箸と指先で切紙を持ち、油を塗った面が接するように、箔の上に載せる。

13

箔箸で上から軽く押さえて、箔と切紙を密着させる。

14

「箔あかし」の完了。

15

絵柄に合わせ、箔を切紙ごと切る。絵柄の幅よりやや大きめに、長さは、曲面部分に少しずつ貼れるよう、短く切り分ける。

16

定盤に生正味漆を出してヘラで軽く混ぜ、タンポに含ませて箔を貼る部分に塗る。次にティッシュペーパーで軽く拭く。

17

漆を塗ったところに箔箸で箔を置く。

18

上から丸めた真綿で押さえる。この要領で、箔を継ぎ足しながら貼っていく。継ぎ目は箔が重なってもよい。

19

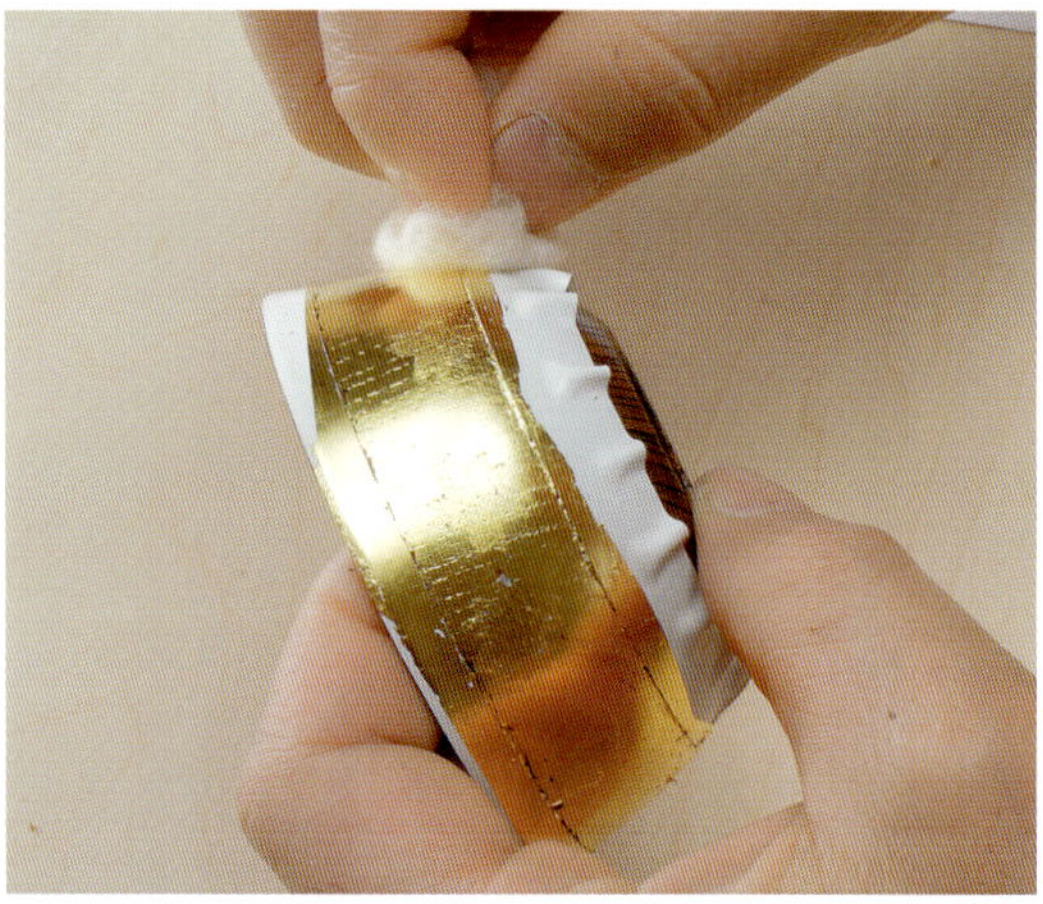

箔を貼り終えたら、さらに真綿で押さえる。真綿で押さえることで箔に艶が出る。

20

16で使ったタンポと一緒に漆風呂で8時間以上乾燥（冬場は1週間ほど）。

21

乾燥後、箔を定着させるため、箔を貼った部分に拭き漆を1回行い、8時間以上乾燥（拭き漆の手順は第4回を参照）。

22

箔を抜く「調整」を行う。まず、マスキングしたビニールテープを剥がす。

23

ぬるま湯を入れたボールにしばらく漬けておくと剥離剤が溶け、その部分の箔が浮いてくるので、綿でこすってぬぐい取る。

24

絵柄がきれいに抜けた。ティッシュペーパーで水分を丁寧に拭き取る。

25

残ったビニールテープの接着剤を、ティッシュペーパーに含ませた灯油で拭き取る。最後に全体に拭き漆・乾燥を1回行って完成。

螺《ら》鈿《でん》・卵《らん》殻《かく》

螺鈿は、貝の内側の真珠層部分を使い、その美しい虹色の光沢を色味ごとに効果的に使い分けてモザイクのように貼り付け、文様を表わす技法です。

また、天然の貝には不透明な白色がなく、白い色を表現したいときは、貝の代わりに卵の殻を細かく砕いたものが利用されました。これが「卵殻」です。

今回は、螺鈿と卵殻技法で、天の川をイメージした美しい銀河の文様を表わします。

螺鈿・卵殻完成品

木地：欅材に拭き漆（第2回完成品）
螺鈿・卵殻：あわび貝・うずらの卵
仕上げ：拭き漆1回
乾燥条件と時間：温度20℃／湿度80％／8時間以上

1

箔絵の1と同じ要領で、扇形の型を作り、実物大の下絵を描く。今回は抽象的な文様なので、トレースはしない。

2

貝の準備をする。デザインカッターを使い、まず横に細く切ってから、縦に細かく刻み、色味ごとに箱に分ける。

3

卵殻の準備をする。脱色した卵を、表裏を区別するために、内側に墨を塗って乾かす。

4

卵殻は指先で細かく砕いておく。

5

箔絵の工程3と同じ要領で、螺鈿・卵殻をほどこさない部分をビニールテープでマスキングする。下絵を見ながら、即興的に貼る。

6

貝を貼る部分に、接着剤として「呂瀬漆」を塗る。定盤か絵皿に生正味漆と呂色漆を同量出し、ヘラで混ぜ合わせて作る。

7

蒔絵筆か油絵用の筆で、貝を貼る部分にだけ、呂瀬漆を塗る。

8

次に、竹串の先端に呂瀬漆を付け（舐めてもよい）て、貝片を拾う。

9

呂瀬漆を塗った部分に貝を置き、軽く押さえる。この手順で、色味を選びながら貝を拾っては貼っていく。

10

貝を貼ったら、次に卵殻を貼る。貼り足したい部分に、7と同じ要領で呂瀬漆を塗る。

11

8と同じ要領で卵殻を拾い、呂瀬漆を塗ったところに貼っていく。

12

全部貼り終えたところ。この後、漆風呂で8時間以上乾燥。

13

貝を定着させるための固めを行う。まず、貼った貝・卵殻の隙間に行き渡るよう、生正味漆に片脳油を同量混ぜて柔らかくする。

14

13の漆を油絵用の筆で貝・卵殻を貼った部分に塗る。ティッシュペーパーで押さえて余分な漆を取り、8時間以上乾燥。

15

「上塗り込み」を行う。絵柄の地色となる部分に、漉した呂色漆を塗る。マスキングにかぶらないよう、やや内側を塗る。

16

「上塗り込み」をしたところ。この後、漆風呂で8時間以上乾燥。

17

マスキングを剥がして灯油で拭き、水に浸したクリスタル砥石で貝・卵殻部分をこすって研ぎ出し、最後に塗り面全体を研ぐ。

拭《ふ》き漆《うるし》・艶《つや》上《あ》げ

木地には細かい研磨の傷が出来ているので、最後に拭き漆を3回行い、艶上げをして完成。

手順は、

①「拭き漆」・乾燥　3回
②「胴摺り」
③石鹸とぬるま湯で洗う
④「拭き漆」・乾燥　3回
⑤「呂色磨き」
⑥石鹸とぬるま湯で洗う
⑦「拭き漆」・乾燥　1回

胴摺り・呂色磨きの詳しい工程は、第2回の「拭き漆」を参照してください。

参考作品　箔《はく》絵《え》

小箱　縦11.7　横6.7　高5cm　（材・サクラ）

参考作品　螺《ら》鈿《でん》

小箱　縦15　横7　高5cm　（材・カツラ）

参考作品　螺《ら》鈿《でん》

小箱　縦20.5　横8　高4.3cm　（材・ヤクスギ）

参考作品　卵殻《らんかく》

花器　横29.5　奥行9　高18cm　（材・シナ）

漆《うるし》工芸入門講座　第6回

乾漆《かんしつ》

「乾漆」といえば、古くは飛鳥・天平時代に作られた仏像の技法として知られています。粘土などで作られた原型に麻布を貼り合わせて漆を塗り、後で原型の粘土を抜き取る「脱乾漆《だつかんしつ》」や、荒く彫った木彫像を芯にして、漆で麻布やコクソを塗り固める「木心乾漆《もくしんかんしつ》」などの技法があります。

乾漆は一見、専門的な技法のようにも見えますが、石膏を削って原型を作ったり、自由なかたちを粘土で作って原型としたり、あるいは既製の器物やフォルムを石膏取りして原型を作れば、器でも立体でも思うような制作ができます。

漆工芸入門講座の最後に「乾漆」技法をご紹介します。

柴田克哉　SHIBATA Katsuya

道具と材料

●乾漆《かんしつ》の道具と材料

①定盤《じょうばん》
②米糊《こめのり》（上新粉と水を1：4の割合で混ぜ、30分おいた後、加熱して混ぜたもの）
③漆刷毛《うるしばけ》
④呂色漆《ろいろうるし》
⑤生漆《きうるし》
⑥木地呂漆《きじろうるし》
⑦ヘラ
⑧砥粉《とのこ》
⑨三辺地の粉（珪藻土）
⑩松煙
⑪空研ぎペーパー（紙ヤスリ320番）
⑫耐水ペーパー（1000－1500番）
⑬吉野紙（和紙の中で最適）
⑭麻布（荒目・40番）
⑮麻布（細目・80番）
⑯菜種油

●原型作りの道具

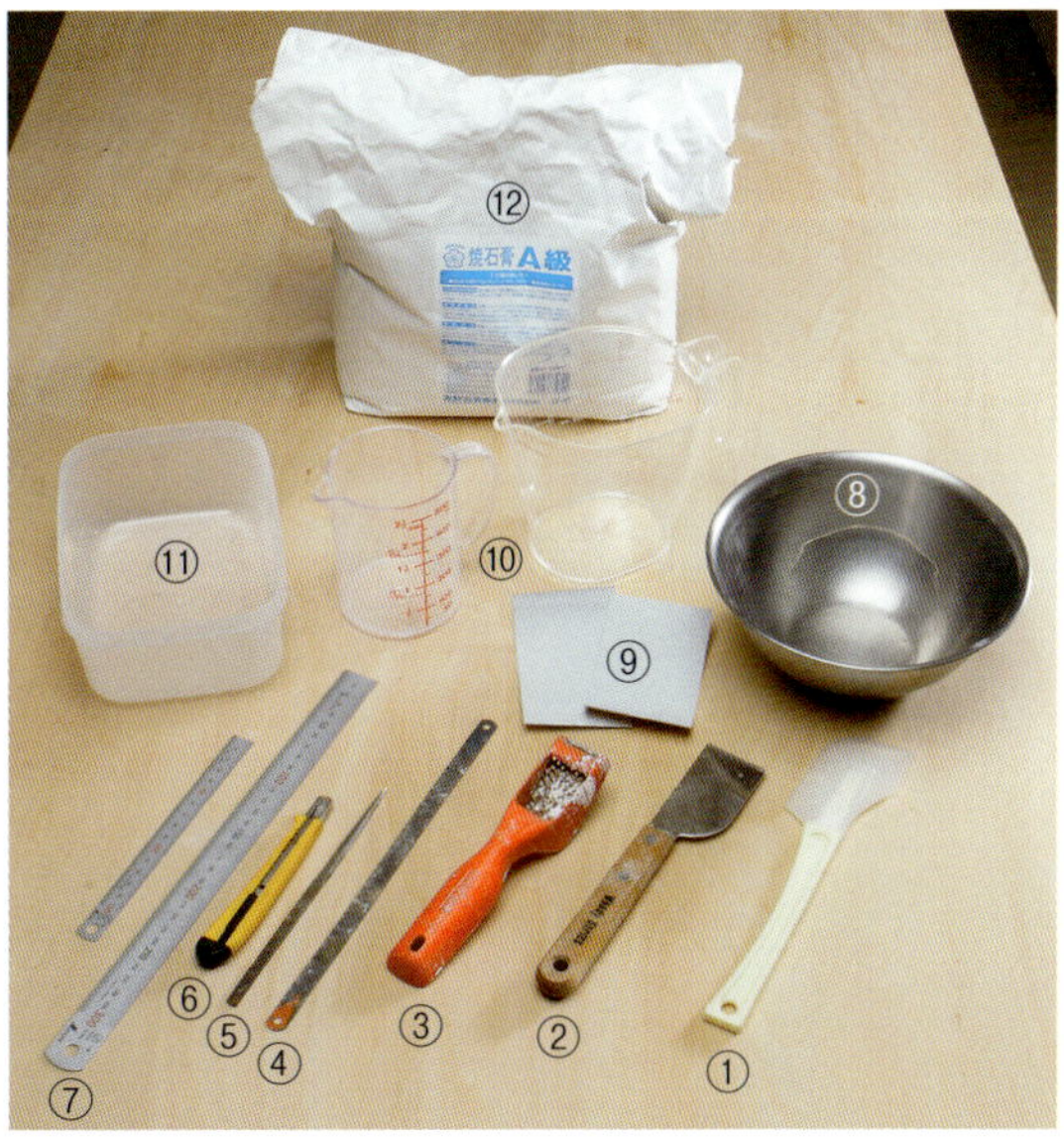

①ゴムベラ（料理用）
②金属スクレーパー（大工道具）
③替刃式ヤスリカンナ（サーフォーム・大工道具）
④金ノコ
⑤石膏削り刀（金属やすりに刃をつけた手製）
⑥カッターナイフ
⑦金属定規
⑧金属ボール（料理用）
⑨空研ぎペーパー（紙ヤスリ）
⑩計量カップ（料理用）
⑪ポリ容器（料理用）
⑫焼石膏（A級）

漆材料提供：㈱播与漆行　☎03・3834・1521

●原型の作り方

乾漆の原型を作るには、以下のような様々な方法があります。今回は②の方法で型を作ります。

①粘土（水粘土）でデザインしたかたちを作り、乾燥させて、それを型として、直接漆を塗り、麻布、和紙を貼る方法。

②作りたいものの大きさの石膏の塊から、デザインしたかたちを削り出し、それを型として使い、漆を塗り、麻布、和紙を貼る方法。

③粘土でデザインしたかたちを作り、石膏で型をとり、それを型として、漆を塗り、麻布、和紙を貼る方法。人形など彫刻的な作品に適しています。

④木型。木材で型を作る方法。

①粘土による原型。函物をイメージしたかたち。

乾漆《かんしつ》

乾漆の素地として、ここでは切子漆と和紙と麻布を使います。石膏のかたまりから削り出した原型の上に、和紙と麻布を漆で塗り固めていきます。工程がわかりやすいように、今回は簡単なかたちの乾漆皿にしましたが、原型がもっと複雑なかたちになっても、同じ工程で制作することができます。

乾漆完成品

素地：和紙と麻布
仕上げ：中塗りと上塗りの2回
乾燥条件と時間：温度20℃／湿度80％／8時間以上半日

1 作品のイメージが固まったら、デザインのかたちと大きさを原寸大で紙に描いておく。

2 皿の口と底になる楕円を同サイズで下絵に描いておく。

型作り

1 ボールに入れた水に焼石膏を少しずつ入れながら、ダマにならないように混ぜる。焼石膏と水の量は石膏製品の説明書に従う。

2 完成作品よりひとまわり以上大きいポリ容器に水と混ぜた石膏を流し込む。側面に、入れる量の深さをテープで印を付ける。

3 完全に固まったところで容器からはずす。その後、1週間ほど乾かす。

4 石膏削りやヤスリカンナのような大工道具で完成作をイメージして削っていく。

5

上下の平らな面は金属定規を立てて削る。最後は紙ヤスリで仕上げる。

6

原型となる石膏内型の完成。

7

石膏型から作品をはがすため、離型措置をする。砥粉を水で溶き、その2倍の米糊を混ぜて、筆で塗れる柔らかさに水を加えて調整する。

8

筆または刷毛で型に塗り、石膏型に吸い込まれた水分が完全に抜けるまで乾燥させる。作業は型より少し小さめな台の上に置いてするとよい。

下地《したじ》つけ

1

まず、米糊に同量の生漆を混ぜて「糊漆」を作る。

2

それに同量の三辺地の粉（珪藻土）を混ぜて「三辺地漆」を作る。

3

2とは別に、砥粉を水で混ぜ、それに同量の生漆を加えて「錆漆」を作る。

4

2の三辺地漆と3の錆漆をまぜると「切子漆」ができる。

5

離型措置を施した石膏型に、切子漆を刷毛で厚さが均一になるように塗り付ける（1回目）。

6

漆風呂で8時間から半日間、乾燥させる（以下「乾燥」はすべて同じ）。

7

320番の紙ヤスリで、刷毛目を取るぐらいに軽く空研ぎをする。その上に切子漆を塗る（2回目）。その後、乾燥させる。

和紙貼り

1

皿の底の型紙を吉野紙に当てて、水をつけた筆で輪郭をなぞると、簡単に紙を切れて、繊維も自然のままとなる（水切り）。

2

下地つけ完了のものを320番の紙ヤスリで全体に軽く空研ぎをする。そこに刷毛で薄く糊漆（米糊＋生漆）を塗る

3

吉野紙を当てて置き、上から糊漆を薄く塗って貼る（1回に1枚ずつ2枚、側面も）。

4

側面（曲面）に貼る吉野紙も、5センチほどの四角大に水切りしておく。紙が半分ずつ重なるように、塗りながら貼り合わせる。

5

端まで塗ってはみ出た紙を折り返し、乾燥させる。表面の仕上げを平らにするには10枚の和紙を貼る。その時は1度に2枚貼り、乾燥させて、空研ぎして繰り返し貼る。

麻布貼り

1

和紙貼り完了のものを、320番の紙ヤスリで全体に軽く空研ぎをする。

2

刷毛またはヘラで薄く糊漆（米糊＋生漆）を塗る。

3

麻布（細目・80番）を置き、上から糊漆を塗って貼る。側面は麻布に糊漆を染み込ませ、シワがよらないようになじませる。

4

四辺の中心にハサミで切り込みを入れ、周りにはみ出した布を切りそろえる。

5

その後、乾燥させる。乾燥後、はみ出した布をカッターで切り落とす。

6

細目の麻布貼りが完了したものを、320番の紙ヤスリで全体に軽く空研ぎをする。

7

切子漆をヘラと刷毛で塗り、布目を埋めるよう均一にする（布目摺り）。その後、乾燥させる。

8

紙ヤスリで空研ぎし、刷毛またはヘラで薄く糊漆を塗る。麻布（荒目・40番）を置き、上から糊漆を塗り、麻布を貼る。

9

側面は麻布に糊漆を染み込ませ、しわがよらないようになじませる。その後、乾燥させる。

10

320番の紙ヤスリで全体に軽く空研ぎをする。7と同様に切子漆を刷毛またはヘラで布目を埋めるように塗り、2度目の布目摺りを行い、乾燥させる。

11

同様の工程で荒目の麻布を、最低でも2枚、器の大きさに応じて3〜5枚貼り合わせる。布目摺りを枚数分だけ繰り返す。この時、1回ずつ十分に乾燥させる。

12

320番の紙ヤスリで全体に軽く空研ぎをする。刷毛またはヘラで薄く糊漆を塗り、さらに麻布(細目)を置き、上から糊漆を塗り、麻布を貼る。

13

320番の紙ヤスリで全体に軽く空研ぎをする。切子漆を刷毛またはヘラで布目を埋めるように塗る(布目摺り)。その後、乾燥させる。

14

320番の紙ヤスリで全体に軽く空研ぎをする。生漆を刷毛で塗り、布などで拭き取る(下地固め)。その後、漆風呂に入れて、約1週間乾燥させる。

脱型と調整

1

下地固めが完了したものを3時間以上水につける。離型剤である糊が水分を含み、型から器胎を簡単にはずすことができる。

2

内側に残った離型剤をスポンジでよく洗い落として、充分に乾燥させる。

3 側面の湾曲したラインのアタリを鉛筆でつけ、アタリに沿ってカッターで削る。

4 削った跡を紙ヤスリで研ぎ、かたちを整える。へこんだ部分ができた場合は、切子漆などを塗り、乾燥させて生漆で固める。

5 表面に和紙の肌を出すために化粧張りの吉野紙を糊漆で貼る。

塗り

1 呂色漆に松煙を2～4割混ぜてよく練って黒漆を作る。

2 皿の外側に黒漆を下塗りする。

3 皿の内側に朱の色漆（作り方は第3回参照）を塗る。その後、乾燥させる。

4 耐水ペーパー1000−1500番で水研ぎをする。全体に軽く研ぎ、ゴミの跡などを目立たなくする（下塗り研ぎ）。

5 器のデザインに合わせた色で塗る（上塗り）。ここでは木地呂漆を塗る。漆風呂に入れて乾燥。
※この後、艶上げをするときは、上塗り研ぎをして艶上げの工程をおこなう。また、漆絵、蒔絵、箔絵、螺鈿・卵殻などの加飾もすることができる。

参考作品　乾漆《かんしつ》

八角皿　径16　高2.7cm

小鉢（五客）　径7.7　高4.2cm

「炎芸術」別冊

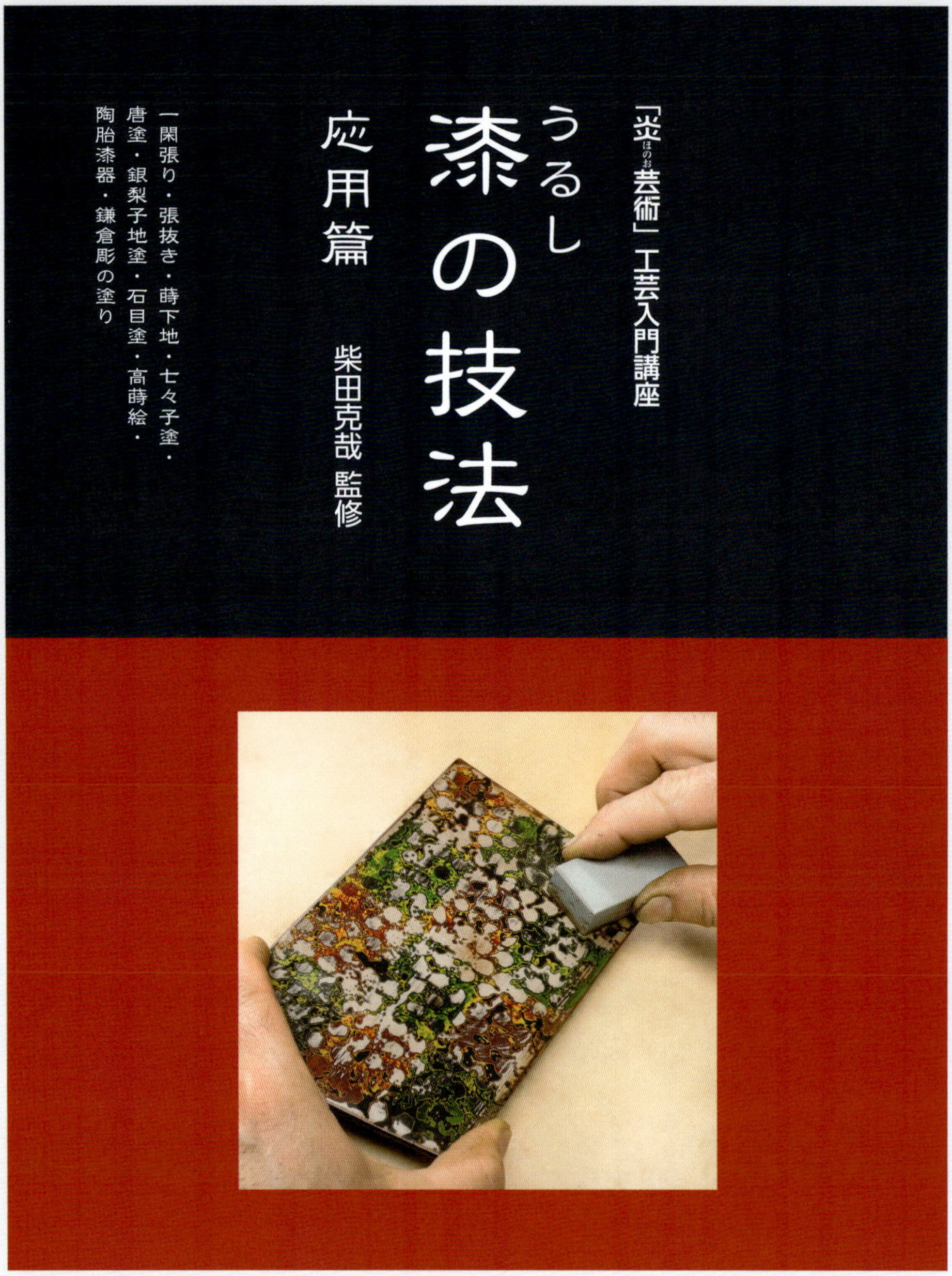

工芸入門講座

漆の技法　応用篇

本書は、『工芸入門講座 漆の技法』の応用篇となります。

講師は前書同様、漆芸家・柴田克哉氏をむかえ、前書で紹介した漆の基本技法を踏まえて発展させた「応用」技法を紹介し、本格的な漆器作りを学びます。漆の技法には、素地・下地・塗り・加飾・仕上げの段階で様々な塗りの技法があり、それらを組み合わせることで〝漆器〟を作り上げます。

本書では、応用技法として素地に和紙を用いる「一閑張り」「張抜き」、素地に直接漆を塗り地粉や砥粉を蒔いて補強する「蒔地」、さらに塗りに一工夫加えて見た目をより華やかにする「変わり塗」などを紹介します。

漆の基本技法をマスターした方が、さらに本格的な漆器作りに挑戦できます。

前書と合わせて、〝漆の技法〟をマニュアルとして紹介する唯一の技法書となります。

定価：2,530円（税込）／A4変型判

「炎芸術」別冊

漆芸家100人
現代日本の精鋭たち

現代の漆芸において、最も注目される100作家を紹介しています。展覧会会場に飾られる、鑑賞を目的にした飾り箱などの器物、菓子器や棗（なつめ）・香合などの茶の湯の器、日常使いのクラフトの器、さらには絵画的なパネルや彫刻的なオブジェ、人や動物などの具象造形まで、多種多様に展開する現代の漆芸を見わたすことができます。他にも、日本では縄文時代に始まると言われる漆工の歴史や代表的な名品、明治以降の漆芸史、漆芸の代表的な技法、漆芸が見られる美術館、漆芸の代表的な公募展、漆芸を購入できるギャラリーまで、現代の漆芸を総合的に鑑賞できるように構成しています。

定価：3,520円（税込）／A4変型判

陶芸入門講座
陶芸をはじめよう
作陶に必要な技法を「成形」「装飾」「釉薬」「焼成」の4項目に分類し、写真付きで詳しく解説。
定価：3,300円（税込）／A4変型判

陶芸入門講座
陶芸をはじめよう 材料・道具篇
様々な材料・道具の中から、基本的なものを選び、その使い方を紹介。ビギナーに最適の1冊。
定価：2,530円（税込）／A4変型判

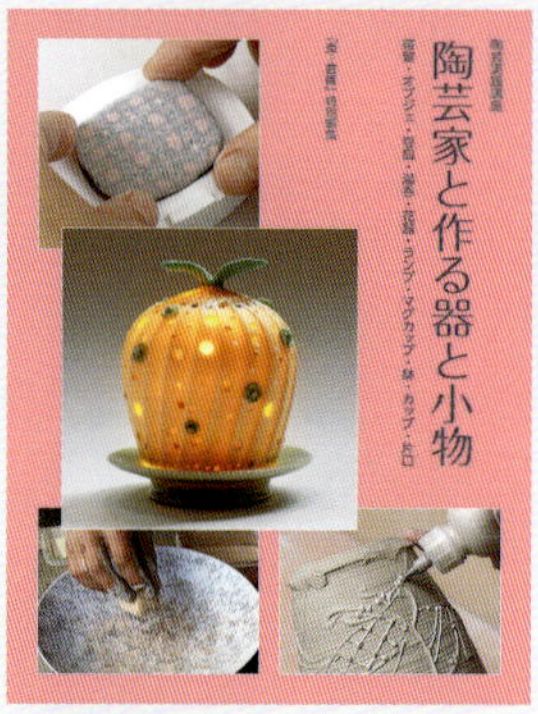

陶芸実践講座
陶芸家と作る器と小物
プロのオリジナル技法による、帯留・豆皿・湯呑・花器・ランプ、片口などの作り方を紹介。
定価：2,530円（税込）／A4変型判

陶芸実践講座
陶で作るいきもの造形
トラ・インコ・フクロウなど、プロのオリジナル技法によるさまざまな"いきもの作り"を紹介。
定価：2,530円（税込）／A4変型判

陶芸実践講座
陶芸家の技法で食器を作ろう
イッチン技法（スリップウェア）、布染、結晶釉、彩泥象嵌など、プロの食器作りの技法を紹介。
定価：2,530円（税込）／A4変型判

陶芸実践講座
くらしの器を作ろう
カップ＆ソーサー、大皿、土鍋、アロマポット、小物入れなど、「くらしの器」の作り方を紹介。
定価：2,530円（税込）／A4変型判

陶芸実践講座
粉引の器を作ろう
粉引の工程別の基礎を解説するとともに、刷毛目、千点文、線文など、粉引の応用技法を紹介。
定価：2,530円（税込）／A4変型判

陶芸実践講座
陶芸の技法を学ぼう
削り・刳貫・パッチワーク・型作り・練込・布目・三島手・抜絵・炭化焼成の技法を、プロが紹介。
定価：2,530円（税込）／A4変型判

陶芸裏技マニュアル5
食器作りの裏技
食器作りに定評のある4人の陶芸家がトンカツ皿、湯呑、飯碗、マグカップなどの作り方を紹介。
定価：2,619円（税込）／B5判

陶芸裏技マニュアル7
薪窯焼成のススメ
プロの陶芸家の窯の作り方や薪窯での焼成方法、また適した土や成形についても紹介。
定価：2,619円（税込）／B5判

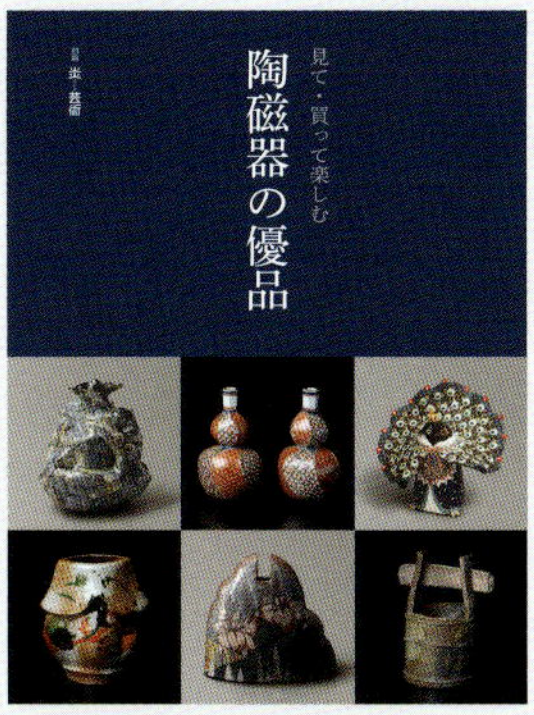

見て・買って楽しむ
陶磁器の優品

人気陶芸家が作るやきものを、現代作家と物故巨匠に分けて作家別に紹介。注目作家の優品が並ぶ。

定価：3,960円（税込）／A4変型判

見て・買って楽しむ
愛しの茶器

茶碗・茶入・花入などの「茶の湯の器」を、現代人気作家と近代巨匠に分けて、作家別に紹介。

定価：3,300円（税込）／A4変型判

見て・買って楽しむ
愛しの酒器

今、最も人気のある陶芸家の酒器を、現代作家と物故巨匠に分けて作家別に紹介。酒器の楽しみ方も紹介。

定価：3,300円（税込）／A4変型判

見て・買って楽しむ
愛しの陶磁器

酒器、茶器、食器、花器、オブジェなどの陶磁器を、物故巨匠と現代作家に分けて、作家別に紹介。

定価：3,300円（税込）／A4変型判

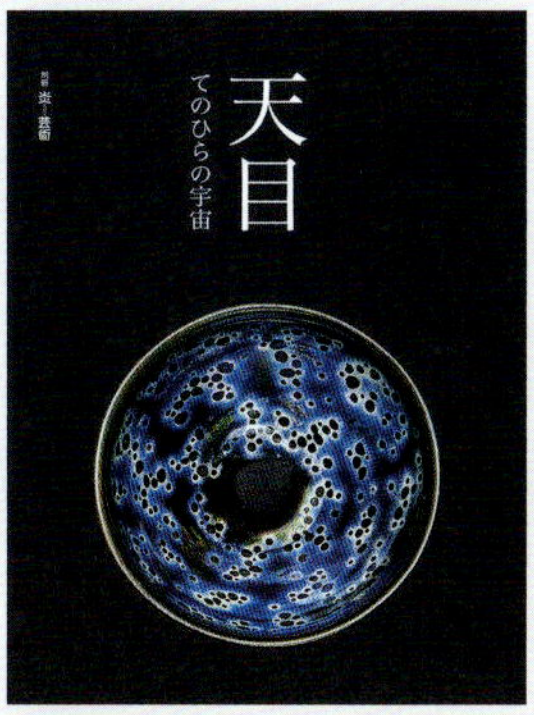

天目
てのひらの宇宙

中国で焼かれた天目の名品をはじめ、日本の近現代作家32名の天目作品を紹介。

定価：2,750円（税込）／A4変型判

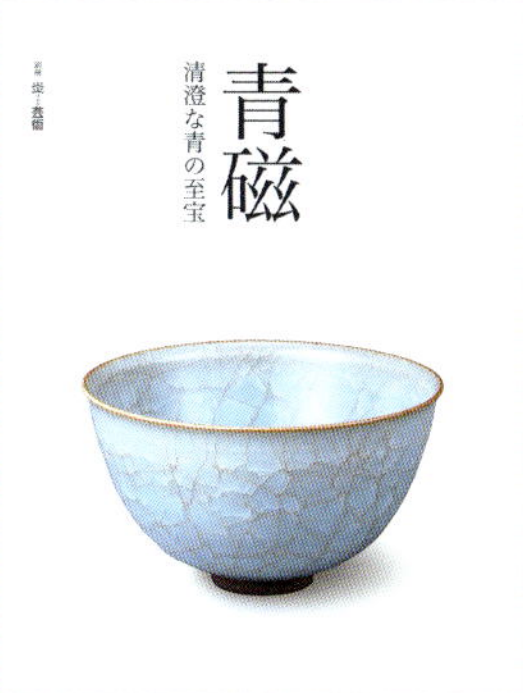

青磁
清澄な青の至宝

独自の青磁を目指した日本の近代巨匠、青磁に取り組む現代作家、中国の青磁の名品を紹介。

定価：2,750円（税込）／A4変型判

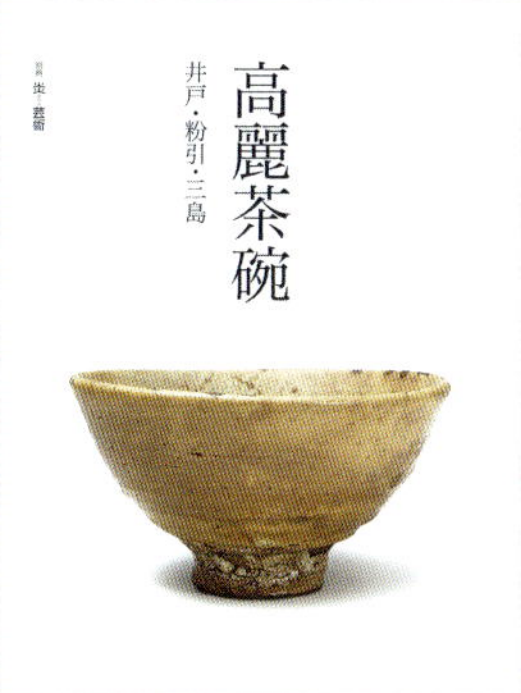

高麗茶碗
井戸・粉引・三島

朝鮮半島で焼かれ、日本にもたらされた高麗茶碗。その名品と高麗茶碗に挑む日本の現代作家を紹介。

定価：2,750円（税込）／A4変型判

備前
土と炎の芸術

「炎芸術」備前焼特集の再編集、新たな記事を加えて構成した集大成。近現代の人気作家42名を紹介。

定価：2,750円（税込）／A4変型判

陶芸家150人
2020年 現代日本の精鋭たち

現代日本を代表する陶芸家150人を一挙紹介。全国の陶芸専門家のアンケートをもとに選出。

定価：3,300円（税込）／A4変型判

現代陶芸家の肖像
松山龍雄 著

「炎芸術」編集主幹である著者が、現代を代表する66作家への連載インタビューをまとめたもの。

定価：3,850円（税込）／A5判

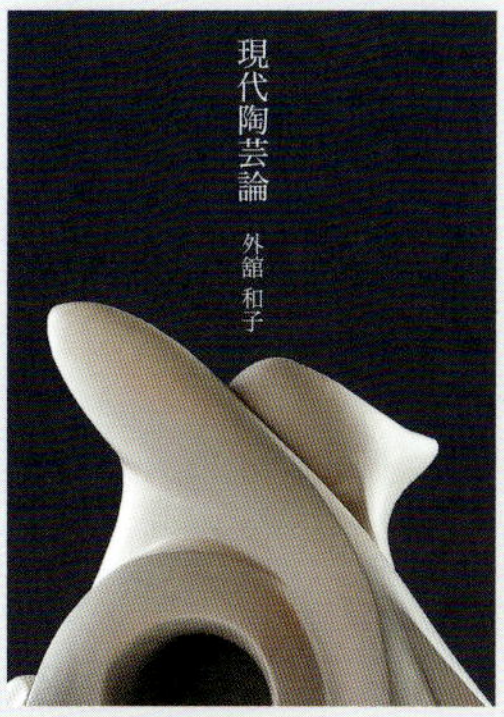

現代陶芸論
外舘和子 著

「現代陶芸」の基準と定義を明確にし、それを4分類。それぞれの歴史と特徴、魅力について解説する。

定価：2,970円（税込）／A5判

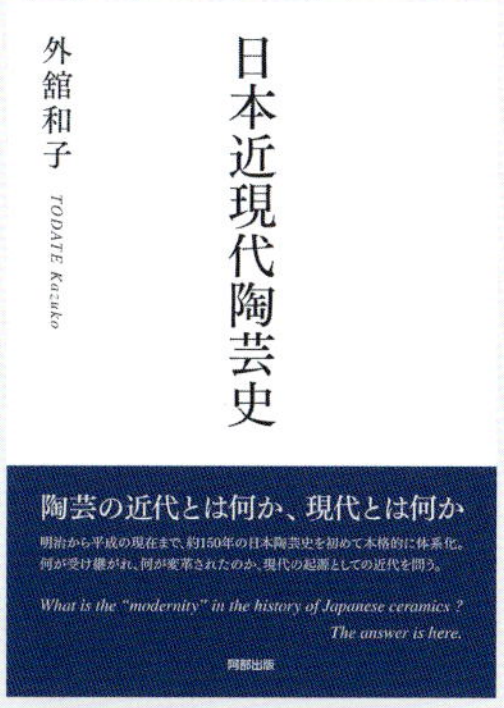

日本近現代陶芸史
外舘和子 著

幕末以降の約150年の日本近現代陶芸史の展開を初めて本格的に体系化。作家論109篇を収録。

定価：5,500円（税込）／A5判

柴田克哉　SHIBATA Katsuya

1958 年東京都葛飾区生まれ。87 年東京芸術大学大学院美術研究科漆芸専攻修了。2006 年取手市に「小文間工房」開設。日本橋三越、工芸いま、ギャラリー田中、ギャラリーおかりやなどでの展覧会や、「取手アートプロジェクト」ワークショップなどの活動のほか、武蔵野美術大学非常勤講師、播与漆工芸教室講師、茨城県立取手松陽高校講師なども務める。

「炎《ほのお》芸術」工芸入門講座

漆《うるし》の技法

2025 年 1 月 25 日　初版第 8 刷発行

発行人　**阿部秀一**
発行所　**阿部出版株式会社**
〒 153-0051
東京都目黒区上目黒 4-30-12
TEL ：03-5720-7009 (営業)
03-3715-2036 (編集)
FAX：03-3719-2331
https://www.abepublishing.co.jp
印刷・製本　**アベイズム株式会社**

ISBN978-4-87242-334-1 C3072